Mit einer Weisheit,
die nicht zu lachen versteht,
einer Philosophie,
die keine Tränen kennt,
und einer Größe,
die sich nicht vor Kindern verneigt,
wollen wir nichts mehr zu tun haben.
— Worte an der Wand einer Hamburger Schule —

Mögen sie es schaffen,
die Verneinungen umzuwandeln
— und wir,
denen das Kürzel NLP viel bedeutet,
die unseren auch.
— Thies Stahl —

Thies Stahl

Neurolinguistisches Programmieren (NLP)

Was es kann,
wie es wirkt und
wem es hilft.

pal

Die Deutsche Bibliothek - CIP-Einheitsaufnahme

Stahl, Thies:
Neurolinguistisches Programmieren : (NLP) ; was es kann, wie
es wirkt und wem es hilft / Thies Stahl. - 4. Aufl. - Mannheim
: PAL, 1994
   (Therapieverfahren unsere Zeit)
   ISBN 3-923614-43-8

Einen ausführlichen Prospekt über unser
Gesamtprogramm erhalten Sie bei:
PAL Verlagsgesellschaft
Am Oberen Luisenpark 33
68165 Mannheim

Inhaltsverzeichnis

1. Was ist Neurolinguistisches
   Programmieren? 7
   „NLP" — Was für eine Bezeichnung!?! 8
   Die Grundannahmen des NLP 14
   Die Glaubenssätze im Wortlaut 14

2. Über die therapeutische Beziehung 20
   Rapport — Musiker nennen es „groove" ... 20
   Kompetenz, Technik und der
   „richtige Glaube" 21

3. Worauf achtet der NLP-Therapeut, wenn
   er seinem Klienten gegenübersitzt? 26
   1. Körperliches 27
   2. Sinnliches 29
   3. „Über"-Sinnliches 40
   4. Sinngebendes 45
   5. Sprachliches 50
   6. Durchgängig Übergeordnetes 61
   7. Überindividuelles und Interaktionelles ... 67

4. Informationen sammeln — was und wie der
   NLP-Therapeut fragt 69
   1. Genaues Nachfragen — „Wer, wie, was?" 69
   2. „PeneTRANCE"-Fragen nach dem Ziel .. 69
   3. Ein Beispiel aus der Praxis 76

4. NLP ist ein zielorientiertes Verfahren 80

5. Integrität und PeneTRANCE 82

6. Die Sprache als Werkzeug 83

7. Fortsetzung des Beispiels 84

8. Generelle Fragen — „Wieso, weshalb, warum?" 90

   a) Motivation 90

   b) Kriterien und Werte 92

   c) Kriterien-Hierarchie 92

5. Die Veränderungsarbeit — was der NLP-Therapeut tut 94

1. Neue Möglichkeiten schaffen 94

2. Fähigkeiten zugänglich und verfügbar machen 102

3. Traumata und Phobien auflösen 112

4. Versöhnung nach innen und nach außen . 117

5. Die Balance verbessern 129

6. Die Entwicklung und Erweiterung der Identität 131

Gibt es Probleme, für die das NLP nicht geeignet ist? 148

6. „Mensch und Technik" — Schlußbemerkungen 150

Anhang: Ausbildungsmöglichkeiten 155

Literaturhinweise 156

— 1 —
Was ist Neurolinguistisches Programmieren?

Das Neurolinguistische Programmieren (NLP) wurde Anfang der siebziger Jahre von Richard Bandler, John Grinder, Robert Dilts, Leslie Cameron-Bandler und Judith DeLozier entwickelt und seither von ihnen und anderen kontinuierlich ergänzt und verfeinert.

Heute wird das Kürzel NLP im wesentlichen für die stetig wachsende Sammlung von Interventionsmustern und Techniken zur Veränderung menschlichen Verhaltens und Erlebens gebraucht, deren Wurzeln sich bis in die anfängliche Arbeit der NLP-Begründer zurückverfolgen lassen. NLP wird aber auch als Bezeichnung für die Arbeit von Therapeuten gebraucht, die für ihre Klienten und die jeweilige Therapiesituation immer wieder neue Techniken erfinden, aufgebaut aus den Elementen des NLP-Modelles und in Übereinstimmung mit dessen Grundannahmen.

Die Wurzeln des NLP liegen im psychotherapeutischen Bereich, für den auch die Interventionsmuster und Techniken des NLP zunächst entwickelt wurden. Daher und wegen der zunehmenden Anzahl, Komplexität und Vielseitigkeit seiner Techniken wird das NLP heute als eigenständige Therapieform angesehen — obwohl es anfänglich nicht als eine solche konzipiert war. Therapeuten, die sich mit dem Kürzel NLP identifizieren, benutzen im wesentlichen gleiche Interventionsformen und teilen bestimmte „Glaubenssätze", die Grundannahmen des NLP.

Das NLP wird heute nicht nur im Bereich der psychotherapeutischen Veränderungsarbeit, sondern auch in anderen Bereichen angewandt, in denen es auch um Veränderung und Kommunikation geht. Zunehmend erlernten auch Angehörige anderer Berufsgruppen NLP-Techniken, z. B. Ärzte, Sozialarbeiter, Konfliktmoderatoren, Lehrer, Weiterbildner, Organisationsentwickler, Unternehmensberater, Führungskräfte und Verkäufer*.

Dieses Büchlein soll Ihnen einen ersten Einblick von den Begriffen und Vorgehensweisen geben, die NLP-Therapeuten und Trainer heute in ihrer Arbeit verwenden.

„NLP" — Was für eine Bezeichnung!?!

Sagt heute selbst John Grinder. Es stimmt, diese Bezeichnung, die er und Richard Bandler sich für ihre Entdeckung ausgesucht hatten, ist tatsächlich nicht die glücklichste. Sie hat es in der Vergangenheit dem NLP unnötig schwer gemacht, sich so schnell durchzusetzen, wie es seiner enormen praktischen Bedeutung entsprochen hätte.

---

* Die beinahe durchgängige Verwendung der männlichen Formen (z. B. der Therapeut und der Klient) ist das Resultat einer bewußten Entscheidung des Autors.

„Neuro" bezieht sich auf die Annahme, daß die gefundenen Muster auf einer neurologischen Ebene stattfinden, also eine direkte Entsprechung auf der Funktionsebene des Nervensystems haben.

„Linguistisch" bezieht sich darauf, daß diese Muster in der Sprache deutlich werden und durch die Sprache beeinflußt werden können.

„Programmieren" verweist auf die Möglichkeit dieser Methode, Menschen zu helfen, sich von problemerzeugenden, automatisch ablaufenden inneren Programmen zu befreien.

Nicht nur das Wort „Programmieren", sondern viele andere Begriffe und Modellvorstellungen des NLP stammen aus der Welt der Informationsverarbeitung und der Kybernetik. Sie sind als Gleichnisse (Metaphern) darüber, was wohl im Menschen passiert, natürlich ebenso fraglich wie die Metaphern anderer psychotherapeutischer Ansätze.

Das „Neurolinguistische Programmieren" gab es nicht von Anfang an. Auf diese Bezeichnung kamen der gestalttherapeutisch tätige Mathematik- und Informatikstudent Richard Bandler und der Linguistikprofessor John Grinder, nachdem sie schon einige Jahre zusammengearbeitet hatten. Mit dieser Bezeichnung meinten sie, das Besondere ihrer Entdeckungen am besten wiedergeben zu können.

Diese Entdeckungen begannen als Versuch der „Entzauberung der Zauberer" der Psychotherapie. Bandler und Grinder hatten sich nämlich zur Aufgabe gemacht, herauszufinden, was die bekanntesten Psychotherapeuten der Welt, nämlich Fritz Perls (Gestalttherapie), Milton H. Erickson (Hypnosetherapie und „Vater" der modernen Kommunikationstherapie) und Virginia Satir (Familientherapie), in der direkten Kommunikation mit ihren Klienten machten, was sie so erfolgreich sein ließ. Sie wollten herausfinden, welche Elemente in ihrem Verhalten notwendig sind, um eine Veränderung im Verhalten des Klienten zu bewirken, und welche Elemente für die Wirksamkeit ihres Vorgehens nicht entscheidend, sondern eher Ausdruck ihres persönlichen Stiles waren.

Bandlers und Grinders Hauptaugenmerk war darauf gerichtet, herauszufinden, was genau es war, was diese „Meisterzauberer" *taten,* und weniger, was sie *sagten,* was sie täten. Sie waren daher weniger an deren Meinungen und Theorien darüber interessiert, was an ihrem Tun so erfolgreich und warum es so erfolgreich war, sondern in erster Linie an deren tatsächlich beobachtbarem Verhalten.

Diesem Ansatz lag die Überlegung zugrunde, daß Experten und Könner — allgemein gesprochen — nur zum kleinsten Teil bewußt wissen und benennen können, was im einzelnen und in welcher Reihenfolge sie wie tun, um es so gut tun zu können. So antwortete Virginia Satir einmal auf eine Frage nach dem Wie, Wann und Warum einer ihrer brillanten Interventionen „You have it in your guts" (man hat es im Bauch). Was aber macht man, so fragten John und Richard sich, wenn man nicht den Bauch von Virginia hat, d. h. wenn man keinen Zugang zu ihren Intuitionen hat?

Die Antwort war der Ansatz Bandlers und Grinders: Sie versuchten die Struktur dieser Intuition herauszufinden, indem sie Modelle ihres Verhaltens bildeten. Diese Modelle wären dann sinnvoll und nützlich, so definierten sie, wenn mit ihrer Hilfe werdende Therapeuten zu ähnlichen Resultaten kommen wie die Vorbilder.

In diesem Modellbildungsprozeß (modelling) lernten sie nicht nur grundlegende Gesetzmäßigkeiten und Strukturen im therapeutischen Verhalten der „Meister" (die heutigen NLP-Techniken), sie entdeckten außerdem interessante Muster und Strukturen in der Art, wie Menschen ihr inneres Erleben organisieren und wie diese Organisation außen für andere sichtbar wird.

Richard Bandler war Anfang der 70er Jahre am Beginn der gemeinsamen Arbeit mit John Grinder gerade 22 Jahre alt. Er war Student an der kalifornischen Universität von Santa Cruz und „nebenbei" schon ein erfolgreicher Gestalttherapeut. John Grinder war Anfang 30 und an der gleichen Universität gerade Professor für Linguistik geworden.

Der Impuls für die Zusammenarbeit ging von Richard aus. Er suchte John auf, der gerade ein anerkanntes Lehrbuch über ein Teilgebiet der Linguistik, die „Transformationsgrammatik", geschrieben hatte, und bot ihm an, ihre Spezialbegabungen in einem Projekt zu kombinieren: er selbst könne hervorragende Ergebnisse als intuitiv und kreativ arbeitender Gestalttherapeut erzielen und wolle jetzt seine Fähigkeiten in Ausbildungsgruppen an andere weitergeben. Und John sei doch bekannt für seine Schnelligkeit, im Sprachverhalten von Menschen komplexe Muster aufzufinden.

Sie könnten ja so tun, als sei sein, Richards, intuitiv-sicheres und anerkannt effektives gestalttherapeutisches Verhalten genauso unbewußt-regelgeleitet wie das Sprachverhalten von Menschen — die ja auch intuitiv-sicher und unbewußt-regelgeleitet grammatikalisch richtige Sätze sagen können, ohne notwendigerweise die grammatischen Bauprinzipien benennen zu können. Dann müßte Johns Fähigkeit, die Regeln des Sprachverhaltens zu erfassen, auch auf das gestalttherapeutische Verhalten von Richard anwendbar sein, und sie könnten vielleicht die „Grammatik" seines Tuns herausfinden.

John nahm das Angebot Richards an und lernte im ersten Schritt, dessen Verhalten als Therapeut auch tun zu können. Genau das tat er als Linguist schon immer, wenn er eine unerforschte Sprache und ihre Grammatik beschreiben wollte: Er lernte zunächst, sie kompetent sprechen zu können. So beobachtete er also Richard genau in dem, was dieser beispielsweise in seiner Therapiegruppe am Montag mit seinen Klienten machte, und wiederholte dann die entsprechenden Vorgehensweisen in seiner eigenen Gruppe am Donnerstag.

Nachdem er dann die angestrebte eigene verhaltensmäßige Kompetenz erreicht hatte, entwickelten beide zusammen Modelle, die es ihnen erlaubten, nicht nur selbst die jeweiligen wirkungsvollen Vorgehensweisen verläßlich zu wiederholen, sondern auch, sie anderen beizubringen. Diesen Prozeß des Herausdestillierens der wichtigsten Wirkfaktoren einer Vorgehensweise nannten Bandler und Grinder Modelling (die Bildung von Modellen): durch systematisches Variieren des Vorgehens herausfinden, welche Komponenten der zu modellierenden Vorgehensweise für die Erzielung eines qualitativ gleichwertigen Ergebnisses wesentlich sind und welche nicht.

In diesem Prozeß sind nun die einzelnen NLP-Techniken entstanden, wobei die ersten Vorbilder also Richard und John selbst waren — bevor die anderen Vorbilder für intensive Verhaltensstudien hinzukamen. Nach Perls, Satir und Erickson, die historischen und geistigen „Wurzeln des NLP", kamen noch weitere „Vorbilder" für das Modellieren exzellenten Verhaltens hinzu: erfolgreiche Vertreter anderer Berufsgruppen und auch herausragende Künstler und Wissenschaftler. Von letzteren einige sogar posthum, wie Mozart, Einstein, Walt Disney und andere, die von Robert Dilts in Bezug auf ihre genialen Vorgehensweisen aus ihren Werken und Biographien heraus modelliert wurden.

Der Prozeß des Modelling ist also ein zweistufiger.

In der ersten Stufe muß es das zu bildende Modell den „Modellierern" ermöglichen, das zu erlernende Verhalten in ihr eigenes Verhaltensrepertoire zu übernehmen.

In der zweiten Stufe muß es das gleiche solchen Personen ermöglichen, die nicht an der Erstellung des Modells beteiligt waren: Auch sie müssen das zu erlernende „Originalverhalten" mit Hilfe des Modelles mit vergleichbar guten Resultaten reproduzieren können.

Das Neurolinguistische Programmieren ist, und das ist die heute gebräuchlichste Definition, einerseits

eine Methodik zum Herausfinden und Aneignen der wesentlichen Komponenten effektiven Denkens und Handelns (Modelling), und andererseits

eine mittlerweile stattliche Sammlung höchst wirksamer Kommunikations- und Veränderungstechniken, die Produkte (Modelle) des Modellings.

Die Grundannahmen des NLP

Eine weitere Definitionsmöglichkeit ist, daß derjenige ein NLP-Therapeut ist, der bestimmte Grundannahmen akzeptiert, die „Glaubenssätze" des NLP.

Ähnlich den Axiomen in der Mathematik handelt es sich bei diesen Grundannahmen um Sätze, die der Therapeut als wahr und gegeben annehmen muß, damit er die von diesen Annahmen abgeleiteten NLP-Techniken ohne logische Brüche anwenden kann. Wenn er das „Glaubenssystem" dieser Annahmen nicht teilen kann oder will, kann er die Techniken des NLP nicht ohne innere Vorbehalte anwenden. Diese würden sich als Zögern oder fehlende Überzeugungskraft in seinem Verhalten zeigen und eine erfolgreiche Anwendung sabotieren.

Für potentielle NLP-Ausbildungskandidaten oder -Klienten ist es besonders wichtig, die grundlegenden Annahmen dieser Methode zu kennen und sie mit den eigenen Erwartungen und Glaubenssätzen zu vergleichen, da dann „Glaubenskriege" mit dem Therapeuten oder Ausbilder über „das richtige Vorgehen" vermieden werden können.

Die Glaubenssätze im Wortlaut

● Menschen reagieren auf ihre Abbildung der Realität, nicht auf die Realität selbst.

„Die Landkarte ist nicht das Gebiet!" Wir alle haben verschiedene „Karten", innere Abbildungen, von der Welt, mit deren Hilfe wir uns in ihr orientieren. Keine dieser „Karten" stellt die Welt vollständig und akkurat dar.

Man kann das NLP die Kunst nennen, dem Betreffenden zu helfen, seine inneren Abbildungen (Modelle, Karten) so zu verändern, daß er sich mit ihrer Hilfe besser in der Welt und in seinem Leben orientieren kann, bzw. daß er die Welt, das Leben und sich selbst besser annehmen und genießen kann.

● Geist und Körper sind Teile des gleichen kybernetischen Systemes — sie beeinflussen sich gegenseitig.

Was mental geschieht, also in der Vorstellung und in den Gedanken, geschieht auch im und mit dem Körper. Jeder unterscheidbare Bewußtseinszustand korrespondiert mit einem ebenfalls unterscheidbaren körperlichen Zustand. Im NLP spricht man von der jeweiligen Physiologie des Klienten und meint damit seinen momentanen Bewußtseins- *und* körperlichen Zustand.

● Die Bedeutung Deiner Kommunikation ist die Reaktion, die Du bekommst.

Kommunikation hat nichts mit der Absicht des Kommunizierenden zu tun, und auch nicht damit, die richtigen Worte sagen zu können. Kommunikation hat etwas damit zu tun, ein bestimmtes Erlebnis im Zuhörer zu erzeugen und eine bestimmte Reaktion von ihm zu erhalten.

● „Widerstand" ist eine Aussage über den Therapeuten, nicht über den Klienten.

Dieser Satz bezieht sich nicht nur auf das Können des Therapeuten und auf seine Verantwortlichkeit für das tatsächliche Eintreten der angestrebten Veränderungen des Klienten, sondern er gilt für jeden, der kommuniziert.

In Verbindung mit „Die Bedeutung Deiner Kommunikation . . ." bedeutet diese Grundannahme auch, daß der einfachste Weg, wie ich jemanden so bekommen kann, wie ich ihn haben will, darin besteht, mich selbst so lange zu verändern, bis der andere „wie von allein" so wird, wie ich möchte, daß er sein soll. Das gilt auch für das Verhalten von Therapeuten ihren Klienten gegenüber.

● So etwas wie „Fehler" oder „Versagen" gibt es nicht — es gibt nur Feedback (Rückmeldungen).

Jede Reaktion kann als Feedback genutzt werden. Im Zusammenhang mit der Grundannahme „„Widerstand' ist ein Kommentar . . ." bedeutet das: Was auch immer der Klient im einzelnen tut und was der Therapeut dann je nach persönlicher Verunsicherung als Widerstand oder gar unkooperatives Verhalten wahrnehmen könnte, ist ein (meist unbewußter) Hinweis des Klienten, daß etwas Wichtiges in der Therapie noch nicht berücksichtigt wurde. Das heißt, eine zusätzlich vorhandene Fähigkeit des Klienten ist für die angestrebte Veränderung noch nicht nutzbar gemacht worden.

Weiterhin heißt das: Hat der Klient sich entgegen der (ungeduldigen) Erwartung des Therapeuten noch nicht verändert, so bekommt dieser durch eben diese Tatsache die Rückmeldung, daß noch etwas Wesentliches fehlt, damit die Veränderung passieren kann, *und,* daß er es übersehen hat.

● Eine Vielfalt möglicher Verhaltensweisen („requisite variety") ist wichtig, denn es wird dasjenige Element in einem System das kontrollierende Element sein, das über die meiste Flexibilität verfügt. Daher ist Wahlfreiheit besser als keine Wahlfreiheit.

Die Beziehung Therapeut—Klient nennt man wegen der enormen und komplexen wechselseitigen Beeinflussung auch ein System. Aus dieser Grundannahme nun leiteten sich im NLP für den Therapeuten die Erlaubnis, die Aufforderung und auch die Verpflichtung ab, in seinem Verhalten sehr flexibel zu sein: Der Klient ist vor Überraschungen, plötzlichen Wendungen, Provokationen, scheinbaren Ungereimtheiten und Unvorhersagbarkeiten im Verhalten seines Therapeuten nie sicher — natürlich innerhalb der etablierten Vertrauensbeziehung und eines beidseitig akzeptierten Spielraumes respektvollen Verhaltens. „Wenn das, was Du tust, nicht funktioniert, tue etwas anderes!", gehört vor diesem Hintergrund zu den am häufigsten geäußerten Anweisungen von NLP-Ausbildern.

● Menschen funktionieren perfekt. Keiner ist „nicht in Ordnung", „hat einen Defekt" oder „ist kaputt"!

Wichtig ist herauszufinden, *wie* er im Moment „funktioniert", und es dann zu verändern. Was ist jemand in der Lage, innerlich zu tun, z. B. mit seinen Bildern, um zuverlässig jedesmal panisch zu reagieren, wenn Leute zu spät zu einer Verabredung kommen?

● Menschen treffen immer die beste Wahl, die ihnen im jeweiligen Moment und mit den jeweils vorhandenen Informationen möglich ist.

Wenn Menschen andere, angemessenere Verhaltensweisen für die Erfüllung ihrer Bedürfnisse zur Auswahl hätten, würden sie das nicht tun, was manchmal reine Bosheit zu sein scheint. Zusätzliche Wahlmöglichkeiten zu erschließen ist das wichtigste Ziel im NLP.

● Hinter jedem Verhalten gibt es eine positive Absicht.

Jedes Verhalten des Klienten erfüllt in seinem Leben eine positive Funktion, ungeachtet der schädlichen bis sogar tödlichen Nebenwirkungen, die es eventuell hat.

● Jedes Verhalten ist nützlich. Es gibt jeweils zumindest einen Kontext, in dem jedes Verhalten nützlich ist.

Gelernt ist gelernt! Es wird im NLP nicht versucht, etwas zu „löschen" (was sowieso nicht geht), sondern es werden zusätzliche Wahlmöglichkeiten geschaffen. Das Verhalten, daß der Klient „loswerden" will, kann in ausgesuchten Situationen noch sehr nützlich sein.

Auf die drei letztgenannten Grundannahmen kommen wir bei der Darstellung der Reframing-Techniken des NLP zurück, mit deren Hilfe viele Symptome überwunden und die Beziehung des Klienten zu sich selbst und zu seinen Mitmenschen enorm verbessert werden kann.

● Wenn ein Mensch es lernen kann, etwas Bestimmtes zu tun, können es prinzipiell alle.

Dies ist die Grundannahme, mit der Richard Bandler und John Grinder das Unternehmen NLP anfingen.

● Menschen verfügen schon über alle Ressourcen (Fähigkeiten, innerlich und im Verhalten nach außen), die sie brauchen, um die von ihnen angestrebten Veränderungen zu erreichen!

Was sie brauchen, ist die Möglichkeit, sie so zu organisieren, daß sie zum richtigen Zeitpunkt und am richtigen Ort Zugang zu ihnen haben.

● Als professioneller Kommunikator habe ich die Pflicht und Verantwortung, dafür zu sorgen, daß sich mein Kommunikationspartner (körperlich und geistig) in dem Zustand befindet, in dem er sein muß, damit er das, was ich von ihm verlange, auch tun kann.

Möchte ich z. B., daß mein Klient an eine Erfahrung denkt, in der er sich ressourcevoll und gut gefühlt hat, und er sitzt zusammengesunken da, dann muß ich ihn zunächst aus diesem Zustand heraus-„manipulieren" (manchmal wirklich mit den Händen, manchmal mit der Stimme, etc.), damit er in eine Verfassung kommt, in der er überhaupt eine Chance hat, daß ihm die gewünschten Erinnerungen kommen können. Denn: Der Mensch denkt mit dem ganzen Körper!

— 2 —
Über die therapeutische Beziehung

Bevor wir uns einzelne NLP-Techniken anschauen,
soll es zuerst um ein Phänomen gehen, das Grundlage
und Herz jeder Veränderungsarbeit ist, nämlich um
den Rapport.

Rapport — Musiker nennen es „groove"

Den Begriff Rapport hat das NLP von der klinischen
Hypnosetherapie übernommen. Er bezeichnet dort
wie hier das intensive Aufeinanderbezogensein in der
Beziehung zwischen Hypnotiseur und seinem Gegenüber.

Der Therapeut kann überprüfen, ob er genug Rapport zu seinem Klienten hat, um mit einer der NLP-
Veränderungstechniken zu beginnen, indem er darauf
achtet, ob seine eigene Art, sich zu bewegen, mit der
seines Klienten synchron ist, ob es also zwischen ihm
und seinem Gegenüber so ein ähnliches Phänomen
gibt, wie das, was Musiker den Groove nennen: So etwas wie ein Schwingen und Dasein im gleichen
(Grund)-Rhythmus.

Von außerhalb der Beziehung betrachtet ist dieses
Phänomen leicht zu erkennen. Abends in einem Re-
staurant z. B. erkennt man bei Paaren, die sich unter-
halten, ob der Abend für das Paar noch schön aus-

klingen wird oder eher nicht: An der Bezogenheit und Synchronizität ihrer Bewegungsabläufe, dem Rhythmus, in dem sie sich zunicken, ihren gemeinsamen Haltungsveränderungen, und auch an der Angleichung ihrer Stimmen in Lautstärke, Rhythmus, Grundmelodie und mittlerer Tonhöhe.

Von innerhalb der Beziehung aus wahrgenommen können Therapeut und Klient ebenso leicht feststellen, ob Rapport vorhanden ist, ein Phänomen, das Veränderungen überhaupt erst möglich macht. Wenn sich nämlich ein Lächeln oder ein Lachen zwischen beiden nicht synchron aufbaut, also im Wesentlichen nur einer lacht und sich das Lachen im anderen nicht spiegelt, ist kein Rapport vorhanden. Ebenso ist er nicht vorhanden, wenn einer eine größere Veränderung in seiner Körperhaltung zeigt, und der andere in keinster Weise den Impuls verspürt, auch seine Haltung zu verändern.

Kompetenz, Technik und der „richtige Glaube"

Was tut der Therapeut, wenn der Rapport in dieser Weise nicht vorhanden oder gestört ist? Auf diese Frage gibt es mindestens zwei Antworten. Eine, die eher aus der amerikanischen NLP-Kultur stammt, und eine, die eher die Weise widerspiegelt, in der der Autor in Deutschland das NLP vermittelt.

Zum einen kann der Therapeut mit seinem eigenen Verhalten bewußt das Verhalten des Klienten spiegeln in den Merkmalen Haltung, typische Bewegungen, Art der Atmung, Häufigkeit des Blinkreflexes, Wortwahl, Stimmqualitäten u. a.

Zum anderen kann der Therapeut mit dem Klienten zusammen klären, ob es noch etwas Unerledigtes zwischen ihnen gibt, und/oder ob sie sich gegenseitig an irgendeinen anderen Menschen erinnern. Der ehrliche Austausch über das, was sie dann zutage fördern, wird zumeist dafür sorgen, daß das Phänomen Rapport spontan auftritt oder wiederauftritt.

Die beste Grundlage für den Rapport ist die Kompetenz des Therapeuten. Sie äußert sich auf vielen Ebenen, z. B. auch und gerade darin, daß er keine Angst davor hat, Rapportstörungen offen anzusprechen.

Hat der Therapeut den Rapport tatsächlich verloren oder überhaupt noch nicht bekommen, helfen keine technischen Tricks, hier hilft nur, was den Rapportverlust gleichzeitig zur Chance für den Therapeuten macht:

Fallsupervision des Therapeuten (er holt sich fachlich kompetente Hilfe, um herauszufinden, inwiefern — mit welcher Gegenübertragung — er aus seiner eigenen Person heraus den Rapport verhindert) oder

der Therapeut wartet auf einen Traum und bekommt auf diese Weise Hilfe von seinem Unbewußten, um aus der Verstrickung mit dem Klienten herauszukommen, außerdem

Mut und Ehrlichkeit bis hin zum Eingeständnis des Nichtweiterkönnens aufgrund zu großer Ähnlichkeiten des Klienten mit eigenen Beziehungspersonen oder mit eigenen unaufgelösten Problemsituationen (was meistens dazu führt, daß die Beziehung dann wieder arbeitsfähig wird).

Man könnte den NLP-Grundannahmen also noch zwei Glaubenssätze hinzufügen:

Phasen von Rapportverlust zum Klienten sind die jeweils einmalige Chance für die eigene Persönlichkeitsentwicklung des Therapeuten, nämlich etwas ganz Wesentliches über sich selbst und die eigene Beziehungsfähigkeit dazuzulernen,

Rapport ist und bleibt, bei allen rapporterleichternden Möglichkeiten, die das NLP bietet, ein Spontanphänomen. Damit ist er auch ein Geschenk, das nicht erzwungen („gemacht") werden kann.

Diese Überlegungen sollen der Rahmen sein für die folgende Betrachtung der technischen Möglichkeiten zur Verbesserung des Rapports.

Kernstücke der NLP-Beziehungsarbeit sind das Pacing (Im-gleichen-Tempo-Mitgehen/Im-Gleichschritt-Gehen) und Leading (Führen). Eine spezielle Form des Pacing ist das eben besprochene Spiegeln.

Eine andere Form ist die Angleichung der eigenen Sprache an die des Klienten. Dabei geht es vor allem um die Verwendung von Worten, in denen die unterschiedliche Benutzung der Sinne deutlich wird. Z. B.:

Jemand redet vielleicht davon, „Durchblick" zu haben, von „einer Perspektive, die sich eröffnet", oder davon, ob sich der Therapeut denn wohl „überhaupt ein Bild machen kann" von der Situation.

Jemand anderes redet vielleicht eher davon „in Stimmung zu sein", „den Knackpunkt" zu finden, daß es „rummst im Karton" oder daß „dann Funkstille war".

Ein dritter spricht von „dem Gefühl, das er hat, daß nämlich . . .", oder davon, daß ihn „etwas bedrückt" oder „eine Last auf seinen Schultern liegt".

Ein vierter vielleicht findet alles „sehr dufte", kann höchstens mal „den und den nicht riechen" oder meint, „daß das und das einen unangenehmen Nachgeschmack" bei ihm hinterläßt.

Ein geschulter NLP-Therapeut erkennt diese momentane oder generelle Bevorzugung von Sinnen in der Sprache des Klienten und gleicht sich in seiner eigenen Sprache entsprechend an. Auf diese Weise holt er seinen Klienten in der (Sinnes)-Welt ab, in der sich dieser gerade befindet (pacing). Dann kann er ihn dahin führen (leading), die anderen Sinneskanäle für die Lösung des Problems, an dem er gerade innerlich arbeitet, ebenfalls zu benutzen, wodurch der Klient Zugang zu mehr Möglichkeiten im Verhalten bekommt.

Das Pacing kann auf verschiedenen Ebenen stattfinden. Alle Bereiche, in denen sich der Klient äußert, können in der therapeutischen Begegnung einbezogen (adressiert) und gewürdigt werden. Pacing ist der fortlaufende Prozeß des verbalen und nonverbalen Bestätigens der Besonderheiten der Äußerungen und des Verhaltens des Klienten durch den Therapeuten.

Ein Beispiel für nonverbales Pacing ist, wenn der Therapeut den Klienten in Stimmlage oder Atmung spiegelt. Verbales Pacing ist die Angleichung im sinnesspezifischen Sprachgebrauch oder etwa auch, eine Zusammenfassung dessen zu geben, was der Klient gerade über sich selbst, seine Glaubenssätze oder seine Wertvorstellung gesagt hat.

Dabei kann es durchaus vorkommen, daß der Therapeut völlig anders sitzt, atmet, spricht und sich bewegt als der Klient, während das rapportsichernde pacing auf einer höheren Ebene stattfindet, etwa wenn der Klient sich vom Therapeuten in den zentralen Fragen seiner Identität wahrgenommen und verstanden fühlt.

Das Pacing ist immer die Grundlage für das Leading: Der Therapeut reflektiert das Jetzt-so-Sein des Klienten, um ihn dann eventuell in ein anderes Verhalten oder Erleben begleiten zu können.

Rapport ist dann vorhanden, wenn der Therapeut sensibel und offen genug für seinen Klienten ist, um sich auf ihn auf allen Ebenen einzustellen. Denn jeder zusätzliche Bereich, den der Therapeut beim Klienten wahrnehmen und verhaltensmäßig oder verbal „ansprechen" (pacen) kann, ist immer auch ein weiterer Zugang zu Fähigkeiten, die der Klient zum Erreichen seiner Ziele zusätzlich sicher gut brauchen kann. Und: Jeder Zugang zu weiteren, dem Klienten vorher nicht bewußten Ressourcen, bei dem ihm der Therapeut helfen kann, ihn zu eröffnen, erhöht den „Kredit" (Rapport) des Therapeuten. Die Kompetenz des Therapeuten ist die Grundlage des Rapports!

3

Worauf achtet der NLP-Therapeut, wenn er seinem Klienten gegenübersitzt?

Er versucht herauszufinden, was der Klient tut, um sein subjektives Modell der Welt, seine „Landkarte" immer wieder neu zu bilden und aufrechtzuerhalten — und damit auch seine Probleme.

Wenn der Klient über sich und seine Situation spricht, bekommt der Therapeut eine Fülle von sprachlichen und verhaltensmäßigen Informationen. Diese „filtert" er in seiner Wahrnehmung, um in dem, was der Klient tut, Muster entdecken zu können, d. h. Dinge, die jedes Mal auftreten, wenn der Klient über sein Problem spricht.

> Die Wahrnehmungsfilter des Therapeuten entsprechen also seinen fortlaufenden Entscheidungsprozessen in Bezug darauf, welchen der verschiedenen Bereiche und Merkmale (Sprache, Mimik, Körperhaltung etc.) des Klientenverhaltens er seine bewußte Aufmerksamkeit widmet. Es sind gleichzeitig die NLP-Bezeichnungen für die sprachlichen und nichtsprachlichen Ausdrucksmöglichkeiten des Klienten.

Die Filter, die das NLP dem Therapeuten im Vergleich mit anderen Therapieformen zur Verfügung stellt, sind enorm vielfältig, fein und untereinander stark vernetzt. Sie sind aber auch nur „Landkarten" und nicht *die* Wirklichkeit des Klienten oder die Wirklichkeit seiner Situation. Sie beziehen sich auf die Bereiche Körperliches, Sinnliches, „Über"-Sinnliches, Sinngebendes, Sprachliches, durchgängig Übergeordnetes sowie Überindividuelles (Interaktionelles).

1. Körperliches

„NLP hat das Leib-Seele-Problem gelöst: Es gibt keine Seele! Alles, womit ihr es zu tun habt, ist die Physiologie (die beobachtbare Körperlichkeit) dessen, der da vor euch sitzt."

Was John Grinder da vor zehn Jahren augenzwinkernd zu uns NLP-Lehrlingen gesagt hat, ist mir in all den Jahren lebhaft im Sinn geblieben: Alles, was der NLP-Therapeut von seinem Klienten wahrnimmt, auch wenn es so etwas Abstraktes ist wie Glaubenssätze oder wie Werte, die ihn motivieren, hat eine Entsprechung im körperlichen Ausdruck des Klienten, den der Therapeut beobachten kann und muß, bevor er handelt.

Einige Unterbereiche des Bereiches „Körperliches", wie sie der Therapeut seinen Filtern entsprechend wahrnimmt, sollen hier kurz beschrieben werden.

a) Zustände des Klienten

Im NLP ist der Therapeut sehr aktiv in Bezug darauf, psycho-physiologische Zustände (Physiologien, Bewußtseinszustände) des Klienten hervorzurufen, mitzugestalten und sie in noch darzustellender Weise auch zu nutzen. Um das tun zu können, muß er solche Zustände auch wahrnehmen, wiedererkennen und voneinander unterscheiden können — z. B. wie der

Klient aussieht und sich anhört, wenn er an eine bestimmte für ihn problematische Situation denkt, oder wenn er an eine Fähigkeit denkt, die er normalerweise zur Verfügung hat, nur nicht in dieser Problemsituation.

Der Therapeut eicht (kalibriert) sich in seiner Wahrnehmung auf die verschiedenen Zustände des Klienten, indem er folgende Merkmale beachtet

— die Haltung des Klienten und Haltungsveränderungen
— typische (unbewußte) Bewegungen und Gesten
— die Atmung
  — Tiefe und Häufigkeit der Atemzüge
  — Brust-, Zwerchfell- oder Bauchatmung
— Körperrhythmus (abzulesen z. B. beim Nicken)
— Muskeltonus
— Temperatur und Feuchtigkeit der Hand
— Blinkreflex und Augenbewegungen
— Gesichtsfarbe
— Größe der Unterlippe
— Sprechrhythmus und -geschwindigkeit
— Stimmlage und typische Sprachmelodien

Mit Hilfe dieser Merkmale kann der Therapeut Zustände des Klienten unterscheiden und wiedererkennen.

b) Bewußtes und unbewußtes Verhalten

Mit einiger Erfahrung kann der Therapeut unterscheiden, welches Verhalten bewußt vom Klienten eingeleitet wurde und welches unbewußten Ursprungs ist. Das ist in der therapeutischen Arbeit mit Trancezuständen wichtig, zum Beispiel, wenn einzelne Bewegungen als Signale mit dem Unbewußten des Klienten eingerichtet werden.

c) Körpersymmetrie

Zu erkennen, ob Körperhaltung und Gesten des Klienten zur Mittellinie seines Körpers symmetrischer oder asymmetrischer werden, ist von zentraler Bedeutung für den Therapeuten. Er bekommt über diese dem Klienten unbewußte „Sprache" wertvolle zusätzliche Hinweise darauf, ob eine Veränderungsarbeit abgeschlossen ist oder ob noch ein Schritt fehlt (s. Kap. 5).

2. Sinnliches

Wie der Mensch seine fünf Sinne einsetzt, um sich in der Welt zu orientieren und seine Probleme zu lösen, ist im NLP von zentraler Wichtigkeit. Wie er also seine Fähigkeit einsetzt,

— zu sehen (visuelles Sinnessystem = V),
— zu hören (auditives Sinnessystem = A),
— zu fühlen/tasten (kinästhetisches Sinnessystem = K),
— zu riechen und zu schmecken
    (zusammengefaßt: olfaktorisch-gustatorisches Sinnessystem = O),

entscheidet maßgeblich darüber, welche Art von Fähigkeiten der Klient sich innerlich und äußerlich zugänglich machen kann, um seine angestrebten Ziele zu erreichen. Also ist es für den Therapeuten enorm wichtig, für den Umgang des Klienten mit dessen Sinnen entsprechende Wahrnehmungsfilter zu haben.

a) Sinn-liche Sprache

Bandler und Grinder entdeckten, daß sich Menschen in ihrer Sprache sehr darauf spezialisiert haben, welches Sinnessystem sie für ihre bewußte Orientierung in der Welt in erster Linie einsetzen. Was Menschen am meisten bewußt ist, ist das, was sie mit ihrer Sprache ausdrücken.

Eine solche Bevorzugung eines Sinnessystems in den Äußerungen des Klienten hat der Therapeut gelernt, herauszuhören. Sie tritt auf jeden Fall auf, wenn der Klient über sein Problem spricht, oft aber auch, wenn es um andere Bereiche geht. Diese Bevorzugung äußert sich in einer Häufung von Worten und Redewendungen des Sehens, des Hörens, des Fühlens oder des Riechens und Schmeckens.

Im folgenden finden Sie Äußerungen, die jemand mit einer momentanen visuellen Orientierung (V) sagen könnte, neben solche gestellt, die jemand mit einer momentanen akustischen (A), kinästhetischen (K) oder olfaktorischen (O) Orientierung sagen könnte:

V: Das *sieht* so *aus* (*scheint* so), als wenn . . .

A: Das *hört* sich so *an* (*klingt* so), als wenn . . .

K: Da hat man das *Gefühl,* daß . . .

O: Das *riecht* förmlich *nach* . . .

V: So *scheint* mir das in Ordnung zu sein.
A: So, *meine* ich, *stimmt* es.
K: So, *finde* ich, *paßt* das.
O: So ist es nach meinem *Geschmack*.

V: So rückt sich für mich das *Bild* zurecht.
A: So kann ich mir einen *Reim* drauf machen.
K: So wird es für mich *begreifbar*.

V: einen *Blick* für die *Nuancen*
A: *Zwischentöne heraushören*
K: ein feines *Gespür*
O: einen feinen *Riecher*

V: *Bildlich gesprochen* bedeutet das, daß . . .
A: Übersetzt in die *Sprache* von . . . *heißt* das
   so*zusagen*
K: *Gefühlsmäßig* ist es das gleiche, als wenn . . .

V: Etwas fügt sich noch nicht ins *Bild*.
A: Etwas stört die *Harmonie*. Da gibt es noch
   Dissonanzen.
K: Da gibt es noch *Stolper*steine.
O: Irgendwie hat das noch einen unangenehmen
   Beigeschmack.

V: *Davon sehe* ich mich nicht beeinträchtigt.
A: Das bringt mich nicht aus dem *Takt*.
K: Das *kratzt* mich wenig; es *juckt* mich nicht.

V: Ich *blicke* nicht mehr *durch*.
A: Da weiß ich nicht, was ich *sagen* soll.
K: Das *zieht mir den Boden unter den Füßen weg*.

V: Eine *Augenweide!*

A: Ein *Gedicht!*

K: *Orgastisch!*

O: Ein Bonbon! Allererste *Sahne!*

V: Das *Bild,* das Sie zeichnen, gefällt mir.

A: Ihre Ausführungen haben mich sehr *angespro-chen.*

K: Gut *nachzuvollziehen,* Ihre Herleitung.

O: Ihre Darstellung kommt meinem *Geschmack* sehr entgegen.

Worte, die eine Tätigkeit, Aktion oder Bewegung ausdrücken, verweisen auf ein kinästhetisches Erleben, wenn sie den Erzähler selbst betreffen.

Der Therapeut kann u. a. den Rapport zu seinem Klienten wesentlich verbessern, wenn er sich in seiner Sprache der sinnesspezifischen Redewendung des Klienten anpaßt.

b) Sinn-liches Verhalten

Die Weise, in der der Klient seine Sinne einsetzt, kann der Therapeut noch genauer beobachten. Grinder und Bandler gingen von der Hypothese aus, daß Menschen innerlich tatsächlich dasjenige Sinnessystem benutzen, das aus ihrer sprachlichen Äußerung herauszuhören ist. Wenn z. B. jemand sagt „Ich sehe, worauf Sie hinauswollen", taten sie so, als wenn derjenige im gleichen Moment innerlich tatsächlich sieht. Dabei fiel ihnen als Muster im Verhalten der Befragten auf, daß sie ihren Blick nach oben richteten, wenn sie Äußerungen machten, die mit Sehen zu tun hatten.

Aus diesem „Tun wir mal so, als ob es so wäre" der NLP-Begründer entstand ein nützlicher Wahrnehmungsfilter für den Therapeuten: auf die Stellung der Augen des Klienten während des Nachdenkens, also der inneren Informationsverarbeitung zu achten. Sie und die Abfolge der Augenbewegungen lassen den Therapeuten wissen, welche Sinnessysteme der Klient in welcher Reihenfolge innerlich benutzt. Man nennt diese Augenbewegungsmuster im NLP Zugangshinweise, da sie darauf hinweisen, welchen Sinnesbereich einer Erfahrung sich das Gegenüber gerade innerlich zugänglich macht:

V^e — visuell erinnerter Zugang (eidetisch, d. h. so wie es wirklich vorher gesehen wurde, in gleicher Perspektive)

V^k — visuell konstruierter Zugang (kreativ verarbeitete und verdichtete visuelle Vorstellungen, z. B. sich selbst mit grün-lila-kariert gefärbten Haaren sehen. Sie können auch Vergangenes zeigen, wie z. B. das Zimmer, in dem man als Kind lebte, von oben gesehen wie in ein Puppenhaus)

A^e — auditiv erinnerter Zugang (so wie wirklich gehört)

A^k — auditiv konstruierter Zugang (z. B. innerlich die eigene Stimme ein Lied singen hören, begleitet von einem Orchester, so wie man sie noch nie vorher gehört hat)

K — kinästhetischer Zugang (Körpergefühle, Tasteindrücke und Rückmeldungen über Zustand der Muskeln und Stellungen der Gliedmaßen)

A^d — auditiver Zugang (digital; innerer Dialog oder Monolog)

Doch Vorsicht: Dieses für Rechtshänder geltende Schema ist eine *Hypothese,* die für jeden Menschen neu geprüft werden muß. Sie ist also dafür gedacht, in Gesprächssituationen auf eine zusätzliche und hoffentlich respektvolle Weise neugierig sein zu können. Zum Beispiel auch darauf, ob dieses Schema wohl auch auf mein Gegenüber zutrifft. Es ist nicht dazu da, zu diagnostizieren und besserwisserisch zu werden!

Ich selbst habe allerdings in über zehn Jahren Beschäftigung mit den Augenbewegungsmustern noch nie einen Menschen getroffen, der eine durch weiteres neugieriges Nachfragen nicht aufklärbare Ausnahme zu diesem Schema gezeigt hätte.

Ausnahmen sind z. B., wenn jemand nach rechts unten schaut und dabei ein Bild vor dem geistigen Auge hat. Es stellt sich dann aber etwa heraus, daß dieses Bild stärkste Gefühle in ihm hervorruft. Solche Verbindungen zweier Sinnesqualitäten zu einem Erlebnis (Synästhesien) erleben z. B. Menschen, die Musik hören und dabei lebhafte Bilder vor dem geistigen Augen sehen, oder Menschen, die Blut sehen und denen dann schlecht wird. Es gibt NLP-Techniken, um starke, störende Kopplungen dieser Art aufzuheben. Vgl. Kap. 5 (Traumata und Phobien auflösen).

Hinweise auf sinnesspezifisches inneres Erleben erhält der gut geschulte NLP-Therapeut auch über Stimmlage und Atmung des Klienten (hoch = visualisieren, tief = fühlen, mittel = hören).

c) Feine Unterschiede im Sinn

Eine feinere Unterscheidung als die der einzelnen Sinne (Modalitäten) ist die von einzelnen Qualitäten innerhalb von Sinneseindrücken, Submodalitäten genannt. Submodalitäten sind

im visuellen System:

— Film oder Standbild (vor dem geistigen Auge)?

— Farbig oder schwarz-weiß?

— Zwei- oder dreidimensional?

— Hat es einen Rahmen oder ist es panoramisch?

— Scharf oder unscharf?

— Wie groß ist das Bild?

— Wie weit ist das Bild weg?

— Sieht sich der Klient selbst in dem Bild oder sieht er alles so, als wäre er dort, wo immer das ist, was er sieht?

— Wo im Gesichtsfeld wird es gesehen?

im auditiven System:

— Handelt es sich eher um Geräusche, Klänge oder Stimmen (bei dem, was der Klient vor seinem geistigen Ohr hört)?

Wenn Stimme oder Stimmen:

— Sind sie laut oder leise?
— Hoch oder tief?
— Schnell oder langsam?
— Melodiös oder monoton?
— Gibt es bestimmte Timbremerkmale (belegt, nasal, heiser)?
— Aus welcher Richtung sind sie zu hören?
— Wie weit weg ist die Schallquelle?
— Ist es in Stereo oder Mono zu hören?
— Hat es besondere Hall- oder Echomerkmale?

im kinästhetischen System:

— Welche Qualität hat die Körperempfindung? (prickelnd, warm, kalt, entspannt)
— Wie stark ist die Empfindung?
— Ist es eher ganzheitlich oder eher lokal? Wenn letzteres, wo spürt der Klient es im Körper?
— Gibt es Bewegung in der Empfindung? Ist die Bewegung kontinuierlich oder kommt sie in Wellen? Gibt es einen Rhythmus?
— Wo beginnt die Empfindung? Wie kommt sie vom Ursprungsort zu der Stelle, wo Sie sich ihrer am meisten bewußt sind? Wohin geht sie dann?
— Ist es ein langsamer, gleichmäßiger Verlauf oder bewegt es sich mit einem Sprung?
— Ist es stetig oder intermittierend?

— Hat es eher eine Lust- oder eine Unlustqualität?

— Ist es eher eine direkte Körperempfindung oder eher ein Gefühl über oder zu etwas?

Diese Unterscheidungen sind, wie Richard Bandler es einmal genannt hat, die Sprache des Gehirns. Sie sind die Merkmale, die das Gehirn benutzt, um Sinneseindrücke und Erlebnisse voneinander unterscheiden zu können. Im NLP spricht man auch davon, daß das Gehirn Erlebnisarten mit Hilfe von Submodalitäten kodiert: Wie kann ich auseinanderhalten, ob ich etwas sehr stark oder überhaupt nicht glaube. Oder, wie weiß ich, ob ich auf etwas sehr „scharf" bin oder ob ich es langweilig finde?

Dieser Beobachtungsbereich als Wahrnehmungsfilter des Therapeuten ist dann sehr wichtig, wenn der Therapeut dem Klienten z. B. helfen will, solche Kodierungen zu verändern. So kann er dem Klienten etwa helfen, einen starken einschränkenden Glaubenssatz über sich, z. B. „Das lerne ich nie" oder „Ich habe es nicht verdient, glücklich zu sein", positiv zu verändern.

Submodalitäten kann man mit etwas Übung auch aus der Sprache heraushören. „Ich brauche mehr Abstand dazu" sagte eine Klientin von Richard Bandler am Anfang der Sitzung in Bezug auf ihre Panikattakken. Damit sagte sie ihm unbewußt schon, welche Anweisung sie von ihm in Bezug auf ihre inneren Bilder brauchen würde, mit denen sie diese Panik erzeugte: die Entfernung der Bilder vor ihrem inneren Auge zu erhöhen. „Damit ich nicht im Alltag *den Blick für das*

Ganze verliere, brauche ich zwischendurch mal für ein paar Tage die *Weite* der Landschaft und das Meer" hörte ich einmal jemand sagen („Bild mit Grenze" versus „Panorama-Bild").

Auch an den Gesten eines Menschen beim Erzählen kann man z. B. viel submodale Merkmale ihrer inneren Erlebnisse ablesen: Die Größe von Bildern und ihre Position im Gesichtsfeld werden häufig mit entsprechend ausladenden oder richtungsweisenden Gesten direkt angezeigt, genauso die Richtung, aus der beim Erinnern von Gesprächen die Stimmen kommen.

Diese Gestensprache zu kennen ist für den Therapeuten zum Beispiel dann wichtig, wenn es in der gemeinsamen Arbeit darum geht, wie der Klient seine innere Welt in Bezug auf die Zeit organisiert. Wie weiß der Klient, welche inneren Vorstellungen aus der Vergangenheit und welche aus der Zukunft sind? Hier werden vor allem die Submodalitäten „Position im Gesichtsfeld", „Entfernung" und „alles von innerhalb der Situation sehen" vs. „sich von außen in der Situation sehen" wichtig.

Die Submodalitätsunterscheidungen sind hier wiederum direkt aus der Gestensprache ablesbar, wenn jemand z. B. nach hinten gestikuliert, wenn er von Vergangenem spricht, und nach vorne, wenn es um Zukünftiges geht. Oder seine Gesten sind zur linken Seite gerichtet für Vergangenes, zur rechten Seite für Zukünftiges und genau vor sich für Gegenwärtiges.

Diese Art submodaler Kodierung nennt man im NLP Zeitlinien: Die meist linienförmige innere zeitliche Anordnung von Ketten von Erinnerungen und Erwartungen —

von wo sie einem „in den Sinn kommen" gewissermaßen. Im ersten Fall geht die Zeitlinie durch den Betreffenden hindurch, d. h. er ist in dem jeweils vergegenwärtigten, zukünftigen oder vergangenen Erlebnis „voll drin" (assoziiert) und die zukünftigen Ereignisse, an die er denkt, liegen vor ihm, die vergangenen hinter ihm. Im zweiten Fall sieht der Betreffende seine Zeitlinie ausgebreitet vor sich — sich selbst sieht er in den zukünftigen und vergangenen Erlebnissen, an die er jeweils denkt, dissoziiert, also von außen. Die meisten Menschen mit dieser Zeitorganisation sehen dann die vergangenen Ereignisse linksseitig, die gegenwärtigen direkt vor sich und die zukünftigen rechtsseitig.

Beide Arten der inneren Zeitorganisationen haben Vor- und Nachteile — keine ist besser als die andere! Die assoziierte ist z. B. für die Intensität des Erlebens günstig und die dissoziierte z. B. dafür, pünktlich zu sein oder Fehler zu vermeiden.

Auch die Wichtigkeit von Werten eines Menschen kodiert sein Gehirn mit Hilfe von Submodalitäten. Das kann man sehr schön an der Gestensprache ablesen, wenn jemand von Dingen redet die ihm wichtig sind: Er spricht dann vielleicht von „höheren" Werten oder von solchen, die ihm „sehr am Herzen liegen" oder ihn „nur peripher berühren". Dabei zeigt er entsprechende Gesten, die mit den Submodalitätsunterscheidungen „Position im Gesichtsfeld" und „Entfernung der Bilder" korrespondieren, die in diesem Fall für die submodale Kodierung der Wichtigkeit von Werten ausschlaggebend sind.

3. „Über"-Sinnliches

Die nächsten Wahrnehmungsfilter des Therapeuten, die wir hier vorstellen, gehen über die Beobachtungen einzelner sinnesspezifischer innerer Verarbeitungsschritte des Klienten hinaus.

Das NLP ist bekannt dafür geworden, daß es sich hauptsächlich mit dem „Wie" von Dingen beschäftigt, weniger mit dem „Was", also mehr mit Prozessen und Formen als mit Inhalten. Das trifft besonders auf die nächsten beiden Wahrnehmungsfilter zu, Strategien und Meta-Programme.

a) Strategien

Die Abfolgen von sinnesspezifischen Verarbeitungsschritten, die ein Mensch innerlich durchläuft, um ein bestimmtes Resultat oder ein Ziel zu erreichen, nennt man Strategien.

Es gibt Strategien, um sich zu motivieren, um etwas zu entscheiden, etwas zu lernen, um zu wissen, was real ist, und um zu wissen, was man glaubt. Außerdem gibt es solche Strategien, bei denen die Fähigkeit (alle Strategien sind Fähigkeiten) darin besteht, ein Symptom hervorzubringen. Das können die inneren Schritte sein, die jemand jedes Mal und zum größten Teil unbewußt durchläuft, wenn er sich entscheidet, eine Zigarette anzuzünden, oder die Abfolgen von inneren Seh-, Hör- und Fühlerlebnissen, mit denen sich jemand immer wieder Kopfschmerzen macht.

Die Strategien findet der Therapeut u. a. heraus, indem er auf die Augenbewegungen und auf die sinnesspezifischen Worte des Klienten achtet: Einige Schritte der Strategie kann der Klient bewußt benennen, bzw. der Therapeut kann sie aus dem, was der Klient erzählt, heraushören: Dann *sehe* ich vor meinem geistigen Auge das und das, *höre* innerlich noch mal, wie jemand zu mir sagte, so und so, *sage dann zu mir* das und das, und *habe* dann *das Gefühl,* so und so. Andere Schritte wiederum sind nicht aus der Sprache herauszuhören, da sie unbewußt, d. h. unbenennbar sind. Der Therapeut kann sie aber an den Augenbewegungen des Klienten und den anderen nonverbalen Hinweisen ablesen, wenn der Klient über die Strategie spricht oder sie in seinem Verhalten zeigt. Natürlich läßt sich nicht der jeweilige Inhalt von den Augen ablesen, sondern nur die Tatsache, daß der Prozeß des Sehens, Hörens etc. innerlich stattfindet. Dann kann der Therapeut dem Klienten behutsam helfen, sich den Inhalt des entsprechenden inneren Schrittes bewußtzumachen.

Strategien können in der Therapie verändert und neu genutzt werden. Letzteres z. B., indem man dem Klienten hilft, eine gut funktionierende Motivationsstrategie als Prozeß auf einen anderen Inhalt anzuwenden als auf den, an dessen Beispiel sie erforscht wurde. Dann kann sich der Klient etwa in Bezug auf etwas anderes neu und besser motivieren, zu dem er vorher nicht motiviert war, obwohl er es aus Gesundheitsgründen zum Beispiel gerne wäre.

b) Meta-Programme

Der nächste Wahrnehmungsfilter des Therapeuten bezieht sich auf einen noch größeren Beobachtungsbereich. Hier geht es nicht mehr um den Aufbau und die Besonderheit einer einzelnen Strategie, sondern um Beobachtungen über viele solcher Strategien hinweg. So kann dem Therapeuten z. B. auffallen, daß den

Motivationsstrategien, die der Klient für ganz verschiedene Lebensbereiche benutzt, allen gemeinsam ist, daß er sich von etwas weg motiviert, anstatt zu etwas hin. Der Klient setzt sich vielleicht durchgängig die innere Vorstellung eines aufhörenden Übels als Ziel, anstatt eine konkrete Vorstellung darüber zu entwickeln, was genau sein wird und wie es sein wird, wenn er das Ziel erreicht hat.

Wiederkehrende Eigenarten von Zielsetzungen innerhalb von Strategien und von anderen Elementen der Strategien eines Menschen nennt man im NLP Meta-Programm-Muster. Sie bezeichnen nicht Unterscheidungen, die den Aufbau einer einzelnen Strategie (eines inneren „Programmes") betreffen, sondern Aussagen, die über viele innere Programme gemacht werden.

(1) Woraus wird das Ziel gemacht?

In jeder Strategie gibt es eine Darstellung oder Abbildung (Repräsentation) des Soll- oder Zielzustandes. Einige der Meta-Programm-Muster beziehen sich auf den „Stoff", aus dem die Zielrepräsentation gemacht ist:

● Das eben erwähnte Meta-Programm-Muster (Motivationsrichtung: „Hin zum Positiven" oder „Weg vom Negativen") gibt an, ob die innere Zielvorstellung, bildlich gesprochen, aus einer Vorstellung des anfangenden Paradieses oder der aufhörenden Hölle besteht.

● Wie richtet der Klient seine Ziele in Bezug auf die Zeit aus? Ist die innere Vorstellung des jeweiligen Zieles eher aus Erinnertem oder aus Konstruiertem gemacht? Wird in der Zielsetzung eher das Bewährte bevorzugt oder eher das Neue?

● Sind die Zielvorstellungen eher global oder eher detailliert, betreffen sie also eher Spezielles oder Allgemeines?

● Überwiegen in der Zielvorstellung eher Elemente, die auf das Selbst verweisen, solche, die auf andere, oder solche, die auf die Umgebung, das Drumherum, verweisen (Selbst, Andere, Kontext)?

● Orientiert sich der Klient in seiner Zielvorstellung eher auf externes Verhalten oder eher auf interne Reaktionen? „Wenn Sie an sich selbst im Ziel denken, denken Sie dann eher daran, wie Sie sich fühlen werden, oder eher an das Verhalten, das Sie dann zeigen werden?"

(2) Wie wird Ist- und Soll-Zustand verglichen?

Die nächsten Meta-Programm-Muster beziehen sich auf die Art, wie ein Mensch in seinen Strategien bevorzugt Ist- und Soll-Zustand miteinander vergleicht:

● Sortiert nach Ähnlichkeiten (matching) oder nach Unterschieden (mismatching)? „Wenn Sie vergleichen, wo Sie jetzt stehen in Bezug auf Ihr Ziel, was fällt Ihnen bei diesem Vergleich zuerst auf? Das, was vom Ziel-Zustand im Ist-Zustand schon enthalten ist, oder das, wo Ist-Zustand und Ziel-Zustand noch verschieden sind?" (Bekannt auch in der Version „Ist das Glas schon halb leer oder noch halb voll?")

● Sind Ist- und Soll-Zustand auf beiden Seiten vergleichbar in Bezug darauf, „innerhalb und außerhalb (der Zeit)" zu sein?

Wenn der Klient sich z. B. für sein Ziel eine bildhafte Vorstellung macht, in der er sich selbst von außen betrachtet (dissoziiertes Bild), und für den Ist-Zustand eine, in der er alles so sieht, als sei er mitten drin im Geschehen (assoziiertes Bild), dann wird er es schwer haben, von diesen beiden Vorstellungen zu Vorstellungen von möglichen Zwischenzielen zu kommen.

(3) Wie weiß man, ob ein Ziel es wert ist, ein Ziel zu sein?

Bei diesem Meta-Programm-Muster geht es darum, wie in den Strategien eines Menschen etwas überhaupt in die Position kommt, ein Ziel zu sein, beziehungsweise dort gehalten wird:

● Interne Referenz (Informationen von innen, inneres Wissen, Intuition, etc.) oder externe Referenz (Informationen von außen, äußere Autoritäten) geben den Ausschlag: „Wie wissen Sie, ob Ihr Ziel richtig/ sinnvoll ist?"

Doch Vorsicht: Keines der Meta-Programm-Muster ist schlechter oder besser als ein anderes! In Bezug auf die Meta-Programme geht es in der Therapie hauptsächlich darum, sie zu balancieren: Wenn man sich zur Erreichung eines Zieles z. B. sowohl von etwas weg motivieren, als auch zu etwas hin motivieren kann, dann hat man eine doppelt so große Motivationskraft (Schub und Sog!), als wenn man nur jeweils das eine täte.

Sowohl bei Strategien als auch bei Meta-Programmen handelt es sich also um reine Strukturen, um Prozesse des Klienten, die der Therapeut mit ihm zusammen erforscht, verändert, ergänzt oder balanciert. Meta-Programme sind Prozesse, die Menschen immer wieder durchlaufen, um ihre Strategien zu gestalten. Wenn der Klient z. B. die Einseitigkeit des Prozesses „Meta-Programm Motivationsrichtung" balanciert hat, wird der so veränderte Prozeß viele verschiedene Inhalte (einzelne Motivationsstrategien für einzelne spezielle Motivationen) positiv beeinflussen.

Das gleiche Verhältnis von Prozeß und Inhalt findet sich auch bei der Veränderung von Strategien. Wenn z. B. eine schlecht funktionierende Entscheidungsstrategie eines Klienten verbessert worden ist, kann er sie auf viele verschiedene Inhalte anwenden: Er kann sich leichter für oder gegen etwas entscheiden, egal ob beim Hemden- oder beim Hauskauf. Ähnlich auch bei der Verbesserung einer Lernstrategie: Worauf auch immer sie inhaltlich angewandt wird, der Prozeß des Lernens wird bei einer erfolgreichen Veränderung der Lernstrategie leichter fallen.

4. Sinngebendes

a) Glaubensfragen

Beim nächsten Wahrnehmungsfilter des Therapeuten geht es um das, was der Klient glaubt. Menschen haben Glaubenssätze und ganze Systeme aus Glaubenssätzen, die zusammenhängen und sich gegenseitig bedingen. Das können Glaubenssätze sein über „Gott und die Welt", über Beziehungen zwischen Menschen generell, über Männer und Frauen, Eltern und Kinder, Therapeuten und Klienten, Glaubenssätze darüber, was wichtig ist im Leben generell oder in speziellen Situationen, Glaubenssätze über Verursachungen und Konsequenzen von allem Möglichen und Glaubenssätze darüber, wer man ist und welche Glaubenssätze zu einem passen und welche nicht, und schließlich, Glaubenssätze darüber, wofür man alles macht und überhaupt ist, d. h. wo man zugehörig ist (im spirituellen Sinne, aber auch im sozialen).

Glaubenssätze und Glaubenssysteme sind die Teile des Modells der Welt des Betreffenden, die determinieren, welche Möglichkeiten und Begrenzungen er im Leben akzeptiert. Es sind Generalisierungen (Verallgemeinerungen), die u. a. durch die Meta-Programme aufrechterhalten und stabilisiert werden.

Die Neuro-Logischen Ebenen der Veränderung

Robert Dilts, einer der NLP-Mitbegründer, hat in Anlehnung an die Arbeit Gregory Batesons logische Ebenen der Veränderung definiert, deren drei oberste Ebenen den Glauben betreffen.

Er spricht von neuro-logischen Ebenen, da bei einer Veränderung auf verschiedenen Ebenen auch unterschiedliche Teile der Neurologie, der Körperlichkeit, des sich verändernden Menschen einbezogen sind. Je höher die Ebene, auf der die Veränderungsarbeit stattfindet, desto intensiver ist die Einbeziehung der Physiologie des Betreffenden:

Spiritualität	Wofür mache ich das?
Identität	Wer bin ich?
Glauben	Was glaube ich, warum das und das so und so ist?
Fähigkeiten	Wie will ich etwas machen?
Verhalten	Was werde ich tun, um es zu machen?
(Umwelt	Wann und wo wird es sein?)

Diese Vorstellung von Ebenen der Veränderung dient dem Therapeuten gleichzeitig als Wahrnehmungsfilter: Er achtet auf Hinweise, mit denen der Klient signalisiert, auf welcher Ebene die gewünschte Veränderung eintreten muß. Auf welcher Ebene muß er dem Klienten hauptsächlich helfen, seine Ressourcen neu zu organisieren? Denn ein Veränderungswunsch auf einer dieser Ebenen braucht andere therapeutische Vorgehensweisen als einer auf einer anderen Ebene.

Zum Beispiel ist das Vorgehen ein anderes, wenn der Klient in die Therapie kommt und

einfach ein neues Verhalten lernen will, z. B. Atemübungen zu machen, anstatt eine Zigarette zu rauchen, oder

die Fähigkeit lernen möchte, herauszufinden, welches Verhalten jeweils in unterschiedlichen Situationen eine gute „Ersatzbefriedigung" für das Rauchen sein könnte, die die positive Funktion, die das Rauchen sonst erfüllt hat (Entspannung, Förderung kreativer Einfälle, Kontakt zu den anderen Rauchern etc.), mindestens genau so gut erfüllt wie das Rauchen selbst, oder

den (Irr-)Glauben hat, daß es sehr schwierig ist, die körperliche Phase des Entzuges zu überstehen, und außerdem glaubt, Menschen würden zwangsläufig zunehmen, wenn sie nicht mehr rauchen, oder

wenn er in Bezug auf seine Identität zutiefst überzeugt ist, daß er eine abhängige Suchtpersönlichkeit und zu schwach ist, daran etwas zu verändern, und zusätzlich glaubt, daß er jemand ist, der es nicht verdient hat, von diesem Übel befreit zu werden.

Jede Ebene bestimmt, welche Veränderungen auf denen unter ihr möglich sind. Wenn der Klient auf der Ebene der Identität glaubt, er habe es nicht verdient, von der Schmach, eine Suchtpersönlichkeit zu sein, erlöst zu werden, dann ist jeder Versuch verlorene Zeit und Liebesmühe, ihm z. B. auf der Ebene des Verhaltens helfen zu wollen, sein Ziel zu erreichen.

Hinderliche Glaubenssätze zu erkennen ist also für den Therapieerfolg essentiell. Glaubenssätze und Systeme von Glaubenssätzen, die ein Mensch aufrechterhält, bestimmen sehr stark, welche Veränderungen in seinem Leben möglich sind und welche nicht. Das gilt auch, wenn z. B. ein Glaube über die Wichtigkeit eines Zieles fehlt. In diesem Fall hat der Klient auch mit Hilfe eines versierten Therapeuten wenig Chancen, es zu erreichen.

b) Kriterien und Werte

Kriterien und Werte sind Dinge, die einem Menschen wichtig sind, also alles, was einen Menschen motiviert. Von Werten spricht man eher, wenn übergeordnete Wichtigkeiten gemeint sind, wie etwa „Freude am Leben", „Selbstverwirklichung", „Wahrhaftigkeit", „Fairness" und ähnliches, und von Kriterien, wenn spezielle Wichtigkeiten in speziellen Umgebungen gemeint sind, wie zum Beispiel, an einem Auto ist mir das und jenes wichtig, oder an diesem Bereich meines Berufes ist mir das und das wichtig.

Ein Kriterium oder Wert ist nicht einfach ein Wort, wie „Freiheit" oder ein anderer abstrakter Begriff, sondern eines, das den Menschen, der es als einen für sich selbst wichtigen Wert äußert, körperlich intensiv erfaßt. Was das entsprechende Wort für einen Menschen sinnlich, erfahrungsmäßig bedeutet, findet man heraus, wenn man diese sprachliche „Verpackung" (Nominalisierung) hinterfragt. Dann erhält man die sinnesbezogene Beschreibung eines Erlebnisses, dessen Eintreten gleichbedeutend mit der Erfüllung des Kriteriums ist.

c) Identität und Identitätskonflikte

Glaubenssätze auf der Identitätsebene, nämlich darüber, wer ich bin und ob dieser oder jener Glaubenssatz auf der nächst niedrigeren Ebene („Menschen sind eben soundso" oder „In Partnerschaften ist das und das wichtig") zu mir paßt oder nicht, sind häufig Themen in der Therapie.

Hier kann es auch zu Konflikten von Glaubenssätzen kommen — einerseits denke ich, ich bin soundso, dann denke ich wieder, ich bin soundso. Konflikte auf dieser Ebene erkennen zu können, ist für den Therapeuten sehr wichtig, um dem Klienten bei der notwendigen Erweiterung seiner Identität zu assistieren.

5. Sprachliches

Am Anfang des NLP beschäftigten sich John und Richard hauptsächlich mit der Sprache von erfolgreichen Therapeuten. Sie entwickelten das sog. Meta-Modell, ein Modell darüber, wie Menschen ihre Erfahrungen sprachlich vermitteln.

Geht man davon aus, daß die Sprache eines Menschen ein Modell ist, eine Abbildung der Wirklichkeit seiner Erfahrung und seines Erlebens, dann ist also das Meta-Modell ein Modell darüber, wie Menschen ihre Erfahrungen mit ihrer Sprache ausdrücken. Es gibt dem Therapeuten Hinweise darauf, mit welchen Fragen er dem Klienten helfen kann, aus dessen oft bruchstückhaften sprachlichen Äußerungen vollständigere Beschreibungen seiner Wirklichkeit zu machen.

Dabei hat der Therapeut das Ziel
— fehlende Informationen über die Lage des Klienten zu erhalten,
— ihm zu helfen, in einen näheren Kontakt mit dem eigenen Erleben und seinen eigenen Erfahrungen zu kommen und

— mehr Informationen darüber zu erhalten, wie der Klient sein Modell der Welt (hauptsächlich seine Glaubenssätze) aufrechterhält.

a) „Nicht wohlgeformte" Klientenäußerungen

Auf welche sprachlichen (linguistischen) Phänomene achtet der Therapeut, um dann mit Hilfe der Unterscheidung des Meta-Modells die passenden Fragen stellen zu können?

Es kommt für ihn darauf an, Klientenäußerungen zu erkennen, die nach dem Meta-Modell nicht wohlgeformt sind. „Nicht wohlgeformt" sind sie dann, wenn ihnen auf dem Wege von der linguistischen „Tiefenstruktur" (die denkbar genaueste und vollständigste Beschreibung eines Erlebnisses) zur „Oberflächenstruktur" (das, was dann tatsächlich gesagt wird) etliches abhanden gekommen ist.

Am Meta-Modell, das als die Basis aller anderen Entwicklungen des NLP angesehen wird, wird besonders deutlich, daß John Grinder vor seiner NLP-Zeit Linguistikprofessor und Spezialist für „Transformationsgrammatik" war, in der es u. a. um diese Verbindung der Oberflächen- mit der Tiefenstruktur geht.

„Nicht wohlgeformte" Klientenäußerungen sind laut Meta-Modell solche, bei denen der Therapeut tätig werden — nämlich nachfragen — muß. Die folgenden Beispiele für solche Äußerungen und die Fragen, die das Meta-Modell für jede dieser Unterscheidungen zur Verfügung stellt, stammen aus einer Therapiesitzung, in der sich der Klient mit Problemen in seiner Arbeit auseinandersetzt. *Kursiv* gedruckt ist jeweils eine mögliche *Meta-Modell-Frage des Therapeuten.*

(1) Tilgung (ganzer Komponenten der Tiefenstruktur)

„Kollege X ist der Beste" — *„ Worin/wofür ist er der Beste?"*

„Ich verstehe nicht." — *„ Was verstehen Sie nicht?"* *„ Wie, genau, verstehen Sie nicht?"*

(2) Fehlender Bezugsindex

„Die Kollegen sind nicht gerade begeistert." — *„ Wer genau ist nicht begeistert?"*

„Die Leute sind nicht offen für diese Idee." — *„ Welche Leute genau sind nicht offen . . ?"*

„Das ist schwer." — *„ Was genau ist schwer?"*

(3) Unvollständig spezifizierte Verben

„Kollege Y schneidet mich!" — *„ Wie genau schneidet er Sie?"*

„Mein Vorgesetzter hat mich gezwungen, mich so zu entscheiden." — *„ Wie genau hat er Sie gezwungen?"*

(4) Nominalisierung

Eine Nominalisierung bildet einen (vielfältig veränderbaren) Prozeß sprachlich so ab, als wäre etwas ein (unveränderliches) Ding. Ob ein Wort eine Nominalisierung ist oder nicht, kann man mit Hilfe eines vorgesetzten „andauernd/ fortlaufend" testen: Eine andauernde Frustration? Ein andauernder Stuhl? Ist die Kombination sinnvoll, ist es eine Nominalisierung, ist sie nicht sinnvoll, ist es keine.

„Ich bekomme keinerlei Anerkennung." — „*Wie würden Sie gerne anerkannt werden?*"

„*Meine Frustration nimmt zu.*" — „*Wer frustriert Sie wie?*"

(5) Generalisierungen

sind verallgemeinernde Aussagen, erkennbar an Worten wie „immer", „alle", „jeder", „nie", „keiner", „niemand".

„Ich mache nie etwas richtig!" — „*Sie machen also absolut nie jemals etwas richtig?*"

„Alle sehen mich immer so merkwürdig an." — „*Tatsächlich jeder einzelne in jedem Moment?!*"

(6) Fehlende Wahlmöglichkeiten

werden angezeigt durch Worte, die mit Möglichkeit und Notwendigkeit zu tun haben (z. B. „muß" und „kann nicht").

„Ich kann das nicht machen!" — „*Was hindert Sie, das zu machen?*" „*Was würde passieren, wenn Sie das machen?*"

„Ich kann nicht offen mit ihm darüber reden." — „*Was hindert Sie daran? Was würde passieren, wenn Sie es täten?*"

„Ich muß Berichte umgehend fertigstellen!" — „*Was würde passieren, wenn Sie es nicht umgehend täten?*"

(7) Ursache-Wirkung-Annahme

„Er bringt mich zur Weißglut mit seinen Ideen!" — *„Wie bewirken seine Ideen, daß Sie zur Weißglut gebracht werden?"*

„Sein Blick zu mir herüber bringt mich jedes Mal völlig aus dem Konzept." — *„Wie bringt Sie sein Blick aus dem Konzept?"*

„Sie zwingt mich, mich einzuschränken." — *„Wie genau, zwingt sie Sie, sich einzuschränken? Mit einem Revolver?"*

(8) Gedankenlesen

„Nie berücksichtigt er die Konsequenzen!" — *„Woher/wie genau wissen Sie, daß er nie die Konsequenzen berücksichtigt?"*

„Ich weiß, Sie finden mein Problem trivial, aber . . " — *„Wie wissen Sie, daß ich Ihr Problem trivial finde?"*

„Allen in der Abteilung geht das schon auf die Nerven!" — *„Wie wissen Sie, daß es allen auf die Nerven geht?"*

(9) Verlorene Zitatquelle

„Das ist die richtige Art, es so zu machen." — *„Das ist die richtige Art für wen, es so zu machen?"*

„Es ist Unsinn, diese Dinge auszudiskutieren." — *„Für wen ist es Unsinn?" „Sagt wer?"*

Doch Vorsicht: Falls es Sie jetzt reizt, Menschen um Sie herum mit Meta-Modell-Fragen zu „erfreuen", denken

Sie daran, daß Sie sich vorher die Erlaubnis geben lassen, ungewöhnliche Fragen zu stellen, und auch daran, sich darauf einzustellen, daß Sie die anderen eventuell mit diesen Fragen nerven. Das kann schnell passieren, denn diese Fragen gehen sehr schnell sehr tief und ihre konsequente Anwendung ohne so etwas wie eine therapeutische Arbeitsvereinbarung und ohne Rapport *kann leicht dazu führen, daß man Freunde verliert!* Üben Sie sie dann lieber im eigenen inneren Dialog.

b) Hypnotische Sprachmuster des Klienten

Aus der Arbeit des amerikanischen Neuerers der klinischen Hypnose, Milton H. Erickson, stammen die sog. hypnotischen Sprachmuster im NLP. Damit meint man den kunstvollen Einsatz von Sprache zur Steuerung und Anregung von Prozessen und Reaktionen im Klienten.

Der NLP-Therapeut, der gelernt hat, diese sprachlichen Konstruktionen anzuwenden, um gewünschte Reaktionen bei seinen Klienten auszulösen, erkennt es auch, wenn andere Menschen diese Sprachmuster — bewußt oder unbewußt — auf ihn anwenden, um ihn in bestimmte Reaktionen und Zustände „hineinzuhypnotisieren". Meist werden das solche Reaktionen sein, die man in der Psychotherapie Gegenübertragungsreaktionen nennt, d. h., der Therapeut beginnt, sich so zu fühlen oder zu verhalten, wie wichtige andere Bezugspersonen im Leben des Klienten.

Erkennt der Therapeut sie, kann er

sich gegen diese Art von Hypnose schützen und das in ihr enthaltene „Beziehungsangebot" des Klienten für den therapeutischen Prozeß nutzbar machen, außerdem die zusätzliche Information, die der Klient mit Hilfe dieser Sprachformen oft unbewußt an den Therapeuten übermittelt, in den therapeutischen Prozeß einbeziehen, und

dem Klienten helfen, damit aufzuhören, diese Sprachmuster unbewußt in seinem inneren Dialog anzuwenden, wenn er sich mit ihrer Hilfe in problematischen Reaktionsweisen und in Beschränkungen festhält.

Drei dieser Sprachmuster sollen im folgenden am Beispiel einiger Klientenäußerungen verdeutlicht werden.

(1) Eingebettete Kommandos und Zitate

„Es gibt ja Leute, zu denen man immer sagen muß, *,Ach komm, stell' dich nicht so an, sei doch nicht so empfindlich!"*

Wenn man das jemand sagen hört, weiß man zwar vom Aufbau des Satzes her, daß man nicht gemeint ist, aber irgendwie reagiert man doch so, als wäre man selbst angesprochen worden. Das gilt vor allem, wenn der hier schräggedruckte Satzteil nonverbal mit einem Blick oder einer Veränderung der Stimme hervorgehoben (analog markiert) wurde — was bei solchen Sprachmustern meistens der Fall ist.

„Aufgepaßt, denke ich dann."

„Offiziell" handelt es sich hier, wie bei dem Beispiel eben auch, um ein Zitat, diesmal aus dem inneren Dialog des Klienten. Mit Blick und Stimmveränderung entsprechend markiert wird diese Äußerung wohl eine weckende Wirkung auf den Therapeuten haben.

„Und dann hätte ich am liebsten zu ihm gesagt, *,Ich finde Sie schon sehr attraktiv'. "*

Welche Reaktion entsteht wohl, zumindest in Ansätzen, im Therapeuten, wenn er diesen Teil der Schilderung seines Klienten hört? (Vor allem mit einem geeigneten Augenaufschlag analog markiert!) Auch wenn er weiß, daß das eigentlich ein Zitat aus einer Unterhaltung mit jemand anderem ist.

(2) Verneinte Aufforderungen

„Seien Sie doch nicht so empfindlich!"

Wenn man diesen Satz hört, ist es sehr wahrscheinlich, daß man auf irgendeine Weise daran denkt, wie es ist, empfindlich zu sein. Vielleicht muß man innerlich sogar beträchtliche Energie aufwenden, um sich dagegen zu wehren, diese „Diagnose" anzunehmen. Das Unbewußte versteht keine Verneinung, und so entwickelt der Zuhörer immer zuerst eine innere Vorstellung dessen, was nicht sein soll!

Es gibt eine große Erfolgswahrscheinlichkeit, jemanden mit einer solchen Verneinungsform in das hineinzuhypnotisieren, was immer auch das Wort ist, das im Satz hinter dem „Sei doch nicht so . . ." kommt!

„Denke nicht an die leckeren Sachen, die im Kühlschrank liegen!"

Mit dieser inneren Aufforderung schafft es jemand mit Gewichtsproblemen z. B. mühelos, sich den Inhalt des Kühlschranks so plastisch vor das geistige Auge zu holen, daß ihm der Speichel im Mund zusammenläuft.

„Es ist mir sehr wichtig, daß Sie nicht als Mann mir gegenüber empfinden und nicht die Frau in mir sehen."

„Sondern?" kann man fragen, wenn man(n) als Therapeut noch klar denken kann.

(3) Mehrdeutigkeiten

Diese ebenfalls unbewußt eingesetzten hypnotischen Sprachmuster sind so etwas wie Freud'sche Versprecher, nur daß sie nicht so auffallen. Für das Ohr des geübten Therapeuten sind sie aber eine reiche Quelle zusätzlicher Informationen, die ihm das Unbewußte des Klienten zur Verfügung stellt. Da es sich nicht um Informationen des Bewußtseins des Klienten handelt, muß der Therapeut mit ihnen besonders sorgfältig und respektvoll umgehen.

(a) Phonologische Mehrdeutigkeit

Bei der phonologischen Mehrdeutigkeit werden durch die Klangähnlichkeiten von Worten mehrere Bedeutungen auf einmal möglich.

„Nach diesem Erlebnis nach Hause zu kommen, war mir eine große *Lehre* . . .“,

> sagt vielleicht ein Klient, der (noch) nicht offen über die Leere reden mag, die er empfand, oder dem sie als Problem noch nicht bewußt ist.

„Das, was ich zu ihm gesagt hatte, waren doch eigentlich schon *wieder Worte* der Anerkennung“,

> sagt vielleicht jemand, der sich noch nicht bewußt mit seiner kindlich trotzigen Haltung dem anderen gegenüber auseinandersetzen kann.

„Wenn man zu viel allein zu Hause *ist* . . .“,

> mag jemand sagen, der auf diese Weise *(ißt)* schon andeutet, daß es noch ein Eßproblem zu bearbeiten gibt.

„Der *Sechs*-Uhr-Tee mit ihr war früher irgendwie schöner!“

Auch hier gibt es wohl noch ein weiteres Thema zu bearbeiten . . .

(b) Interpunktionsmehrdeutigkeit

„Diese Leute sind mir sehr feindlich gesonnen. Auch Sie werden noch das Ausmaß erkennen, in dem . . .“

Hier bekommt der Therapeut einen deutlichen Hinweis darauf, welche Gefühle der Klient ihm gegenüber entwickelt.

Diese Sprachmuster treten immer auf, wenn Menschen kommunizieren, unbewußt und oft mit unangenehmer und einschränkender Wirkung (als „gemeine Alltagshypnose“). Sie lassen sich aber auch zum Wohle des Gegenübers sehr gezielt einsetzen. So nutzt der Therapeut sie, um

dem Klienten die Annahme und das Umsetzen seiner Instruktionen zu erleichtern,

den Klienten in eine günstigere Selbstwahrnehmung

oder auch

in einen therapeutischen Trancezustand „hineinzuhypnotisieren“.

Die hypnotischen Sprachformen in dieser positiven Weise einzusetzen hat der NLP-Therapeut gelernt wie die Grammatik einer Fremdsprache. Er hat sie aber auch dadurch gelernt und lernt sie fortlaufend weiter, daß er die eigenen, intuitiv hervorgebrachten Exemplare solcher Muster registriert. Besonders kreativ in der künstlerischen Produktion solcher wirkungsvollen Sprachmuster ist er dann, wenn der Rapport zu seinem Klienten gut ist und er an dessen Veränderungsfähigkeit glaubt. In diesem Fall entstehen die kunstvollsten hypnotischen Sprachmuster von ganz allein, die im Klienten kreative Ideen und heilende Prozesse auslösen.

c) Klagen

In jeder Therapie besteht ein Großteil der Klientenäußerungen aus Klagen. Oft haben sie die Form von „Immer, wenn er im Stehen pinkelt, flippe ich aus", oder von „Ich bin beim Volleyballspielen zu ehrgeizig". An solchen Klagen kann der Therapeut fortlaufend seine Flexibilität darin trainieren, dem Klienten einen neuen Wahrnehmungsrahmen für das Beklagte anzubieten, den dieser genauso gültig finden kann, der aber versöhnlichere Gefühle dem beklagten Sachverhalt gegenüber bewirkt und damit eine bessere Grundlage für Veränderungen ist.

So war im ersten Beispiel („Immer wenn er im Stehen . . .") der Wahrnehmungsrahmen, den der Therapeut der Klientin angeboten hat etwa „So habt ihr beide wenigstens einen Weg, Euch gegenseitig wissen zu lassen, daß ihr Mann und Frau seid" und im zweiten („. . . zu ehrgeizig") „Das denkt die gegnerische Mannschaft sicher auch!". Für die Betreffenden waren diese Therapeutenäußerungen wie die Pointe eines gute Witzes, die zu einem „Erleuchtungs"-Lachanfall führte.

Dieser so erlangte neue Wahrnehmungsrahmen hat für die Betreffenden aus dem, was sie an sich selbst, bzw. an sich selbst und am anderen, als etwas nur Störendes abgelehnt hatten, Zugänge zu Ressourcen gemacht, die jetzt zur Grundlage einer Veränderung werden können, für die sie vorher nicht zur Verfügung standen.

Dieses auch als Umdeuten bekannt gewordene therapeutische Vorgehen nennt man im NLP inhaltliches Reframing. Ein ähnliches Vorgehen ist das 6-Step-Reframing, zu dem wir später kommen.

6. Durchgängig Übergeordnetes

Die beiden folgenden Abschnitte behandeln zwei übergeordnete Wahrnehmungsfilter, die sehr durchgängige Merkmale des Klientenverhaltens betreffen.

a) Dissoziationen

Mit dem Begriff Dissoziation beschreibt man im NLP den Sachverhalt, daß jemand in einer bestimmten Situation ganz bestimmte Dinge nicht tun kann, die er in anderen Situationen ohne Schwierigkeiten bewerkstelligt. Hat jemand zum Beispiel in einem Ehestreit seine Fähigkeit, ruhig und besonnen zu bleiben, nicht zur Verfügung, so sagt man, er ist von dieser Fähigkeit dissoziiert.

Der Therapeut achtet sehr auf Hinweise in den Schilderungen und im Ausdrucksverhalten seines Klienten, die auf Dissoziationen verweisen, damit er ihm helfen kann, die notwendigen inneren Verbindungen zu schaffen, um Fähigkeiten (Ressourcen) für das Problem verfügbar zu machen (s. Kap. 5: Fähigkeiten zugänglich machen). Bei dieser Art von Dissoziation hat der Klient in der Problemsituation noch ein, allerdings manchmal nur vages, Bewußtsein von der Existenz der gerade nicht zugänglichen Fähigkeiten.

Es gibt auch Dissoziationen, die so stark sind, daß dem Klienten ein Bewußtsein für die jeweils andere „Seinsart" ganz fehlt. Als Gleichnis für einen solchen Wechsel kann man den Film nehmen, in dem Mr. Jekyll, der sich aufopfernde, immer zugewandte und liebenswürdige Arzt, sich nachts in Mr. Hyde verwandelt.

Dieses Phänomen zeigt sich z. B. bei Menschen mit Drogenproblemen. Unter dem Einfluß des Rauschmittels zeigt der Betreffende eine völlig andere Seite seiner Person (Atmung; Muskeltonus; bevorzugtes Sinnessystem, um sich auf die Welt zu beziehen) und ganz andere Kontakt- und sonstige Fähigkeiten als in dem Zustand „Nicht-unter-dem-Einfluß-des-Mittels", in dem er dafür andere, auch wichtige Fähigkeiten zur Verfügung hat. Diese drastische Zustandsveränderung ist dabei nur zu einem kleinen Teil auf den direkten chemischen Einfluß der Droge zurückzuführen. Zu einem größeren Teil ist sie das Ergebnis der persönlichen Lerngeschichte des Betreffenden, der bestimmte Dinge jeweils nur in dem einen und nicht in dem anderen Zustand gelernt und jeweils neu hinzugelernt hat. Deshalb hat er sie jeweils auch nur in dem einen zur Verfügung und nicht in dem andern (z. B. „konzentriert und ausgiebig denken" in dem nüchternen Zustand und „ausgelassen sein und Nähe zulassen" nur in dem rauschmittelbeeinflußten Zustand).

Will der Therapeut mit dem Klienten an einem Problem arbeiten, dem eine solche Dissoziation zugrunde liegt, so muß er dafür sorgen, daß der Klient beide dissoziierten Seiten seiner Person integrieren kann, d. h. zu beiden Seiten gleichzeitig Zugang hat. Im Falle des Drogenproblems bedeutet das, daß der Therapeut den Klienten zunächst jeweils in eine intensive Erfahrung des Rauschzustandes und in ein besonders typisches „Exemplar" des nüchternen Zustandes hineinhypnotisiert und ihm hilft, diese beiden Welten und auch Körperzustände zusammenzubekommen, bevor er weitere therapeutische Schritte einleitet. Dieses „zusammen-zu-bekommen" (Integration) ist nötig, um nicht nur die Seite des Klienten zu therapieren, die für sich allein keine Probleme mit der Droge hat (s. Kap. 5: 6-Step-Reframing).

Eine weitere, spezielle Form von Dissoziation liegt dann vor, wenn jemand aufgrund eines Traumas oder einer Phobie in bestimmten Situationen immer wieder die gleiche, überwältigende körperlich-seelische Streßreaktion erlebt. Das ist der Fall, wenn jemand vergewaltigt wurde oder einen Unfall hatte: In Situationen, in denen es Ähnlichkeiten zu der des Vorfalles gibt, erlebt der Betreffende dieses Trauma immer wieder von neuem. Das Gleiche gilt, wenn jemand z. B. in der Nähe eines bestimmten Tieres oder eines Fahrstuhls immer wieder panisch (phobisch) reagiert. In beiden

Fällen ist der Betreffende in dieser speziellen Situation von seinen anderen (meistens von allen) Fähigkeiten extrem dissoziiert.

b) Inkongruenzen

Ist jemand stark dissoziiert und verhält sich in manchen Situationen extrem anders als in anderen, dann sagt man auch, er sei inkongruent — sequentiell inkongruent, d. h. abwechselnd, wie Jekyll und Hyde.

Von simultaner Inkongruenz spricht man, wenn im Erleben, im Verhalten oder in den Botschaften eines Menschen Elemente nicht zusammenpassen. Wenn der Klient zum Beispiel mit Ja antwortet und den Kopf dabei schüttelt, wird das dem NLP-Therapeuten als Inkongruenz auffallen, und er wird darauf eingehen.

Inkongruenzen können sich sehr subtil äußern und auch für den geübten NLP-Praktiker immer wieder Anlaß sein, seine Wahrnehmungsgenauigkeit für diese Phänomene zu erhöhen. So kann z. B. der Klient mit sehr bestimmter Stimme, die am Ende des Satzes auch nicht fragend höher wird (was ja ein auditiver Hinweis auf ein inkongruentes „Ja" wäre) und mit sehr eindeutigen Gesten und nickend sagen, daß etwas, so wie es ist, in Ordnung ist, aber dann seinen Blick für einige Momente nicht vom Therapeuten lösen — ganz so, als drückte er damit die Erwartung aus, der Therapeut möge noch etwas dazu sagen.

Nimmt der Therapeut eine inkongruente Botschaft wahr, geht er davon aus, daß es im Klienten so etwas wie eine Instanz (man spricht im NLP auch von einem Teil) auf der unbewußten Ebene gibt, die (oder der) zu dem, was der Klient vom Bewußtsein her denkt und mitteilt, noch einen Kommentar hat. Im Beispiel eben zeigte sich dieser Teil dem Bewußtsein des Klienten dann in der Form, daß er seinen Kommentar gewissermaßen nach außen in die Person des Therapeuten verlegt hat (der diese Art von Angebot in diesem Moment hoffentlich nicht annimmt, noch etwas als Bestätigung oder Kritik hinzuzufügen).

Im NLP nimmt der Therapeut Inkongruenzphänomene, die das Bewußtsein des Klienten meist nicht bemerkt, außerordentlich wichtig. Denn der Therapeut betrachtet sie vor allem als „Kommentare des Unbewußten" des Klienten, die ihm wichtige Hinweise geben — ähnlich wie die schon besprochene Asymmetrie eine der möglichen Ausdrucksformen der Inkongruenz.

Zeigt sich z. B. eine Inkongruenz als nonverbaler Teil der Antwort auf die Frage, ob der Klient mit der erreichten Veränderung in seinem Erleben und den durch sie möglich gewordenen Vorhaben für die Zukunft zufrieden ist, so geht der Therapeut davon aus, daß sich in dieser Inkongruenz ein Teil des Unbewußten des Klienten meldet. Dieser Teil hat einen Einwand gegen das bisher Erreichte, den der Therapeut als einen Hinweis darauf wahrnimmt, daß die Veränderung für das Leben des Klienten nicht ökologisch ist, zumindest nicht in der bis dahin erreichten Form. Unökologisch ist eine Veränderung dann, wenn im Lebenssystem des Betreffenden ein Ziel zwar erreicht wird, aber etwas anderes dadurch gefährdet wird, was in seinem Leben auch sehr bedeutsam ist.

Jemand, der seine innerlich erfahrbaren Inkongruenzen nicht würdigt und korrigierend in seine Vorhaben einbezieht, ist in der Lage eines Menschen, der auf einem Sprungturm steht: Er stellt sich gerade vor, wie toll es aussehen wird, wenn beim Kopfsprung das Wasser auf ihn zufliegt, nimmt schon das aufregende Gefühl des Fahrtwindes im Gesicht vorweg und hört innerlich schon den Beifall der Zuschauer. Zusätzlich zu all diesen wunderbar zusammenpassenden (kongruenten) Elementen dieser Zukunftsvorstellung gibt es diese „blöde", leise warnende innere Stimme „Achtung! Ist kein Wasser drin!" — die er versucht, nicht zu hören . . .

Der Therapeut geht also davon aus, daß das Inkongruenzphänomen eine Botschaft des Unbewußten des Klienten ist, ihm zu helfen, den entsprechenden Einwand innerlich wahrzunehmen und zu würdigen: Ein Teil des Unbewußten tut mit Hilfe der Inkongruenz kund, daß er Anlaß zu der Befürchtung hat, die Veränderung, an der gerade gearbeitet wird, werde dazu führen, daß er, dieser Teil, dann nicht mehr so gut für den Klienten arbeiten kann wie bisher.

Diese „vermenschlichende" Vorstellung von inneren unbewußten Teilen der Person ermöglicht es dem Therapeuten, Inkongruenzphänomene nicht als etwas Lästiges zu erleben, sondern sich über ihr Auftreten freuen zu können. Das ist u. a. auch deshalb wichtig, weil er dem Klienten ein Vorbild darin sein will, Inkongruenzphänomene zu würdigen und als Hinweise auf zusätzliche Ressourcen für die Veränderungsarbeit ernst zu nehmen. Denn der Klient soll ja lernen, seine Inkongruenzen, so wie sie sich ihm in seiner inneren Wahrnehmung darstellen, zu würdigen und sie als Alliierte einzubeziehen (s. Kap. 5.4).

7. Überindividuelles und Interaktionelles

Wenn der Therapeut mit einem Paar arbeitet, achtet er auf wiederholtes Auftreten etwa folgender Abfolgen zwischen beiden Partnern: Partner A hebt leicht die eine Augenbraue und legt den Kopf etwas schräg, und Partner B wird daraufhin blasser, atmet weniger und sein Blick geht für ein paar Sekunden ins Leere — beide sind im Gespräch blockiert.

Wenn so ein Ablauf in der gleichen Form immer wieder auftritt, dann spricht man im NLP von einer kalibrierten Schleife: Die Partner sind in ihrer Reaktion aufeinander geeicht — sie reagieren quasi wie Automaten. Hintergrund für solche Reaktionen ist die Lerngeschichte des Partners B, aufgrund derer die gehobene Augenbraue vielleicht bedeutet, „der andere nimmt mich nicht ernst" (wenn er das Geschehen bewußt benennen könnte). Obwohl in den meisten Fällen das Resultat dieses „unbewußten Gedankenlesens" nicht zutrifft, tritt dieser Ablauf aber wieder und wieder auf, da es in die andere Richtung auch kalibrierte Reaktionen gibt, z. B.: B's Stimme wird etwas gepreßter, höher und lauter, woraufhin A sich anspannt und auch weniger atmet.

Im ersten Beispiel ist der Auslöser (Anker) für den Problemzustand des Partners ein visueller, im zweiten ein auditiver. Solche Abläufe wahrnehmen zu können ist die Grundlage für alle NLP Vorgehensweisen mit Paaren und größeren Systemen.

4

Informationen sammeln — was und wie der NLP-Therapeut fragt

1. Genaues Nachfragen — „Wer, wie, was?"

Der Therapeut wird im Laufe der therapeutischen Sitzungen viele W-Fragen stellen: „Wer genau? Wie genau? Was genau? Welche(r, s)? Wovor?" Auch die anderen Fragen des Meta-Modelles wird der Klient oft hören.

Mit ihrer Hilfe bekommen Therapeut und Klient die Informationen über die innere und äußere Situation des Klienten, die notwendig sind, um zu bestimmen, auf welcher Ebene mit der Veränderungsarbeit angefangen werden soll, mit welcher der NLP-Techniken und mit welchen Zielen.

2. „PeneTRANCE"-Fragen nach dem Ziel

Eine Zieldefinition ist die Art, wie der Klient sein Ziel denkt, d. h., wie er es äußerlich und innerlich benennt und wie er es sinnlich erlebt. Eine starke Sogwirkung hat ein Ziel dann, wenn die Zieldefinition in eine Form gebracht wird, die man im NLP „wohlgeformt" nennt.

Um dem Klienten zu helfen, zu einer solchen Zieldefinition zu kommen, stellt der Therapeut spezielle Fragen. Eine dieser Fragen, die oft wiederholt wird,

ist „Woran werden Sie erkennen, daß Sie Ihr Ziel erreicht haben, . . . (an dieser Stelle wird immer die letzte Formulierung des Klienten eingesetzt)?" oder „Wie
werden Sie wissen, wenn Sie Ihr Ziel erreicht haben
(Zitat letzte Klientenäußerung)?". Der Therapeut
stellt dem Klienten diese Frage so lange, bis dessen
Antwort bestimmten Kriterien genügt, und zwingt ihn
auf diese Weise, sich ganz deutlich zu machen, was für
ihn ein Beweis sein wird, daß er das Ziel erreicht hat.

Wenn der Klient diese Frage beantwortet, achtet der
Therapeut auf die sprachliche Form, in der der Klient
sein Ziel äußert. Die Antwort soll maximal die Kriterien für eine „wohlgeformte Zieldefinition" erfüllen.

a) „Verführerische" und erreichbare Ziele

Die Wohlgeformtheitskriterien für Zieldefinitionen
besagen, daß das Ziel (der Zielzustand, das Zielverhalten) so gedacht und versprachlicht sein soll, daß

- der Klient es selbst initiieren und aufrechterhalten kann
- es gut kontextualisiert ist
- es sinnesspezifisch-konkret angegeben ist
- es keine Negationen enthält
- es keine Vergleiche enthält
- die Feedback-Zeitspanne möglichst kurz ist
- im Hier und Jetzt körperlich demonstrierbar ist
- die Zielerreichung ökologisch ist
- Ressourcen zugänglich und organisierbar sind

Zunächst sollen diese Kriterien kurz erläutert und dann an einem Beispiel aus einer Therapiesituation verdeutlicht werden. Diese Kriterien sind auch dann zu empfehlen, wenn man alleine über sein Ziel nachdenkt!

● Der Klient muß das Zielverhalten/den Zielzustand selbst initiieren und aufrechterhalten können.

Ist dieses Kriterium in der Beschreibung des Zieles nicht erfüllt, gibt der Therapeut ihm eine Hilfestellung zum Umdenken seines Zieles, etwa: (drei Punkte . . . stehen für Pause)

„Angenommen, es gäbe etwas, wo es gut wäre, wenn Sie es neu oder besser lernen würden *(Stimme wird tiefer, das Sprechtempo langsamer),* bevor bzw. damit dieser Wunsch in Erfüllung geht . . . *(läßt Pausen und fördert so noch mehr die Entwicklung einer kleinen „Nachdenk"-Trance)* und was die Wahrscheinlichkeit der Wunscherfüllung drastisch steigern würde . . . *(redet solange weiter, bis der Klient mit kleinen unbewußten Bewegungen nickt)* oder was vielleicht sogar eine notwendige Voraussetzung für die Wunscherfüllung ist . . . oder sie schafft . . . *(wenn der Klient dann beim Zuhören nickt:),* was ist das?"

Gibt der Klient als Antwort auf diese Frage am Ende dieser Instruktion zum inneren Suchen (auch Prozeßinstruktion genannt) eine neue Zielformulierung, legt der Therapeut wieder die Kriterien für wohlgeformte Zieldefinitionen an.

● Das Zielverhalten/der Zielzustand soll gut kontextualisiert sein.

Es soll in der Beschreibung des Zieles auch mit angegeben sein, in welchem räumlichen, zeitlichen oder sonstigen Kontext das Zielverhalten/der Zielzustand auftreten soll.

Ist dieses Kriterium in der Zielbeschreibung des Klienten nicht erfüllt, kann der Therapeut fragen „Wann werden Sie sich wo, wem gegenüber, wie verhalten, wenn Sie ihr Ziel erreichen, ... (drei Punkte hier: Zitat der letzten Zielformulierung)?"

Die sich als Antwort auf diese Frage ergebende „Version" der Zielformulierung des Klienten überprüft der Therapeut dann wieder darauf, ob die Kriterien erfüllt sind — so entwickelt sich die Zielformulierung von Version zu Version.

● Das Zielverhalten/der Zielzustand soll sinnesspezifisch-konkret angegeben werden.

Das Zielverhalten/der Zielzustand soll so beschrieben werden, daß genau angegeben wird, woran der Klient, wenn er das Ziel erreicht, sehen, hören, fühlen, riechen oder schmecken wird, daß er es erreicht.

Ist dieses Kriterium nicht erfüllt, wird der Therapeut fragen „Woran werden Sie erkennen, wenn Sie Ihr Ziel erreicht haben, ... (Zitat der letzten Zielformulierung in der nicht-sinnesspezifischen Form)?"

Hat der Klient ein Phänomen in einem der Sinnessysteme benannt, kann der Therapeut mit Submodalitätsfragen noch spezifischer werden.

● Die Zieldefinition soll *keine* Negationen enthalten.

Enthält die Zieldefinition Negationen (wie: *keine* Angst haben, *nicht* verkrampft sein), fragt der Therapeut ebenfalls:

„Woran werden Sie erkennen, wenn Sie Ihr Ziel erreicht haben, . . . (Zitat der letzten Zielformulierung mit der Negation)?" oder „Wie werden Sie wissen, wenn es so weit ist und Sie Ihr Ziel erreicht haben, . . . (Zitat der letzten Zielformulierung mit der Negation)?"

● Die Zieldefinition soll keine Vergleiche enthalten.

Ist dieses Kriterium nicht erfüllt (wie: ich möchte lockerer sein), fragt der Therapeut ebenfalls „Woran wirst Du erkennen, wenn Du Dein Ziel erreicht hast, . . . (Zitat des Klienten mit dem Vergleich)?"

● Die Feedback-Zeitspanne soll möglichst kurz sein.

Das Ziel soll so benannt sein, daß die Zeit zwischen „Etwas neu machen" und „Merken, daß es neu ist" möglichst kurz ist. Ein Beispiel wäre, wenn jemand weniger rauchen will und die Erreichung dieses Zieles daran erkennen will, daß er abends in seiner Zigarettenschachtel noch mehr Zigaretten als vorher hat. Dann weiß er abends nicht mehr, was er tagsüber in der Lage war, neu zu tun, um es zu schaffen, nicht zu rauchen.

Ist dieses Kriterium nicht erfüllt, fragt der Therapeut erneut nach dem Ziel des Klienten, nachdem er etwa folgende Suchinstruktionen gegeben hat: „Angenommen, es gäbe etwas, woran Sie schon, *bevor* Sie . . . (Zitat des Klienten) wahrnehmen, auf irgendeine andere Weise erkennen, wahrnehmen oder wissen können, ob Sie Ihr Ziel erreichen, was wäre das? Woran können Sie es schon viel früher erkennen?"

Der Prozeß, den der Klient in Beantwortung dieser Frage innerlich durchläuft, kann dazu führen, daß er ein ganz neues Ziel setzt. Aus „Weniger rauchen" wird dann vielleicht „Intensiveren Kontakt aufnehmen und mehr flirten", Zielformulierungen, die der Therapeut dann wiederum durch penetrantes Nachfragen in Richtung auf die Erfüllung der Kriterien (z. B.: sinnesspezifisch, Negation, Vergleiche) weiterentwickeln hilft.

● Das Zielverhalten/der Zielzustand soll im Hier und Jetzt der Therapiesituation körperlich demonstrierbar sein.

Das Ziel soll so benannt oder gedacht werden, daß der Klient beim Denken des Zieles die Zielphysiologie im Hier und Jetzt demonstrieren kann (siehe das anschließende Beispiel).

● Die Zielerreichung soll ökologisch sein, d. h. darf andere Bereiche nicht gefährden.

Es muß sichergestellt sein, daß es für das Leben des Klienten ökologisch ist, sein Ziel zu erreichen. Daher wird es im NLP als die Verpflichtung des Therapeuten angesehen, alles Erdenkliche zu tun, um eine unökologische therapeutische Beeinflussung zu vermeiden: Dazu gehört, daß der Therapeut, auch wenn der Klient es zunächst absurd findet, darauf besteht, daß dieser mindestens drei Bereiche (Kontexte) findet, in denen er lieber das alte Verhalten behalten möchte, und

drei negative Konsequenzen findet, die es in seinem Leben hätte, wenn er sein Ziel erreichen würde.

Der Therapeut besteht auf jeweils drei Antworten, gefundenen oder erfundenen. Hat der Klient negative Konsequenzen benannt, gibt ihm der Therapeut eine Hilfestellung zum Finden von Ideen, wie er diesen denkbaren oder wahrscheinlichen Konsequenzen vorbeugen will.

● Die Zielbeschreibung soll Ressourcen zugänglich und organisierbar machen.

Eine Zieldefinition muß so formuliert sein, daß sie es dem Klienten ermöglicht, die für die Erreichung des Zieles notwendigen Fähigkeiten leicht in sich selbst aufzufinden, sie zugänglich zu machen und sie zu organisieren.

Dieses Kriterium kommt in meinem PeneTRANCE-Modell zu den ursprünglich im NLP definierten Wohlgeformtheitskriterien für Zieldefinitionen hinzu. Ist es erfüllt, denkt und versprachlicht der Klient sein Ziel so, daß die Art, das Ziel und die benötigten Fähigkeiten zu denken, so auf seinen körperlich-geistigen Zustand während des Nachdenkens zurückwirkt, daß der Klient vollen Zugang zu den benötigten Fähigkeiten in sich selbst bekommt.

3. Ein Beispiel aus der Praxis

Um deutlich zu machen, wie das Vorgehen des Pene-Trance-Modells diese Kriterien erfüllen hilft, ein kurzes Beispiel aus einer Therapiesituation, in der Klient und Therapeut schon eine Arbeitsvereinbarung und einen guten Rapport haben.

Therapeut (Th.): Was ist Ihr Ziel? Was wollen Sie erreichen?

Klient (Kl.): Wir haben andauernd diesen Ehestreit. Das geht so auf die Nerven!

Th: (freundlich, aber bestimmt) Vielen Dank für diese Information, sie wird später vielleicht wichtig werden. Aber jetzt möchte ich Sie bitten, meine Frage zu beantworten: Was ist Ihr Ziel? Was wollen Sie hier in der Therapiesitzung bei mir erreichen?

Kl: Daß wir aufhören, uns zu streiten.

(Zielverhalten ist nicht durch den Klienten selbst initiierbar und aufrechterhaltbar; Negation „aufhören" entspricht „nicht"; nicht sinnesspezifisch.)

Th.: Gutes Ziel! Wie werden *Sie* sich verhalten, um dieses Ziel zu erreichen? Stellen Sie sich für einen Moment vor, das Ziel ist erreicht, Sie beide leben noch und Sie leben auch noch zusammen oder haben zumindest Kontakt. Dort in der Zukunft, (Sprechtempo langsamer, Stimme leiser und tiefer) . . . wo immer Sie in dieser Vorstellung sind, . . . jetzt, vergegenwärtigen Sie sich, was es ist, wozu *Sie* in der Lage sind, . . . was Sie neu tun können . . . was dann auch wesentlich dazu beigetragen hat, daß Sie sich nicht mehr streiten . . . (Klient nickt nachdenklich). Kommen Sie in die Gegenwart zurück, bringen Sie dieses Wissen aus der Zukunft mit und basteln Sie daraus eine neue Beschreibung Ihres Zieles: Mein Ziel ist . . ?

Kl: Also, mein Ziel ist, nicht immer gleich so durchzudrehen und . . .

(Negation, Vergleich, nicht sinnesspezifisch)

Th: (unterbricht) Wo und wann werden Sie sich wie verhalten, wenn Sie Ihr Ziel erreicht haben, nicht immer gleich so durchzudrehen?

Kl: Äh . . . ziemlich viel auf einmal für eine Frage!

Th: Stimmt. Was ich meine, ist, äh, tun Sie für einen Moment so, als gäbe es eine wiederkehrende Situation zwischen Ihnen beiden, eine typische Situation, wo Sie denken, ,Wenn ich es da könnte, dann könnte ich es in allen anderen Situationen auch' (Therapeut wartet, bis der Klient nickt). Welche ist das?

Kl: Abends, bevor wir . . . äh, also, wenn wir noch im Wohnzimmer sitzen, und . . . (schlechterer Zustand)

Die Vergegenwärtigung der Problemsituation verstärkt die Problem-Physiologie des Klienten drastisch. Der Therapeut unterbricht diese Entwicklung, um den Rapport nicht zu gefährden. Als zusätzliche NLP-Grundannahme könnte man nämlich formulieren:

Wenn der Therapeut die Verantwortung übernimmt, den schlechten Zustand des Klienten zu verstärken, dann muß er es auch schaffen können, den Klienten aus diesem verschlechterten Zustand wieder herauszuholen — wobei es egal ist, ob es dem Klienten bewußt wird oder nicht. Das gibt dem Klienten dann die Freiheit, innerlich tiefer in die Problemsituation hineinzugehen und die therapeutisch notwendige Intensivierung der entsprechenden Physiologie zuzulassen.

Th: Es gibt also eine typische Situation? (Klient nickt) Und Sie wissen ganz genau, wann und wo das ist, . . . wer dabei ist und wann im Gespräch . . . genau der Moment ist, wo Sie etwas Neues können wollen? (Therapeut wartet, bis der Klient beim Nachdenken leicht nickt.) . . . Und genau in dem Moment, was ist Ihr Ziel?

Kl: Ich möchte mir das nicht so zu Herzen nehmen nehmen. Nämlich . . .

(Negation)

TH: (unterbricht) Woran werden Sie erkennen, wenn Sie Ihr Ziel erreicht haben, und sich das, in diesem bestimmten Moment, nicht so zu Herzen nehmen?

Kl: Ich, äh, ich werde ruhiger sein.

(Vergleich)

Th: Und woran werden Sie erkennen, wenn Sie Ihr Ziel erreicht haben, und ruhiger sein werden?

Kl: Ich werde an ihrem Gesicht sehen, daß sie . . .

(ist nicht selbst initiierbar und aufrechterhaltbar; Feedback-Zeitspanne zu groß)

Th: (unterbricht) Tun Sie bitte für einen Moment so, als wenn es möglich wäre, daß Sie, noch bevor Sie die Reaktion am Gesicht Ihrer Frau sehen, erkennen könnten, ob Sie Ihr Ziel erreicht haben . . . wenn es das wäre, wenn es also etwas gäbe, und das etwas wäre, was Sie dann tun können, . . . oder empfinden können . . . oder denken können, . . . (Therapeut wartet bis der Klient nickt) was wäre das?

Kl: Ich hätte nicht mehr so eine Anspannung im Bauch.

(Negation)

Th: Und woran werden Sie erkennen, wenn Sie Ihr Ziel erreicht haben, in diesem Moment in dieser Situation, nicht mehr so eine Anspannung im Bauch zu haben?

Kl: Ich würde das, was sie sagt, nicht mehr so an mich herankommen lassen.

(Negation)

Th: Angenommen, Sie hätten es geschafft, Ihr Ziel zu erreichen und das, was sie sagt, nicht mehr so an sich herankommen zu lassen, wie werden Sie wissen, daß es soweit ist?

Kl: (Denkt nach, verändert seinen Zustand, zeigt eine leichte rhythmische Bewegung innerhalb der Nickbewegung des Nachdenkens) Ich werde innerlich Musik hören.

Die Kriterien sind erfüllt. Mit der nächsten Frage (die eine auditive Submodalitätsunterscheidung beinhaltet) verfolgt der Therapeut das Ziel, den körperlich-geistigen Zustand zu verstärken, aus dem heraus der Klient diese Antwort gibt (die Ziel-Physiologie).

Th: (übernimmt den Rhythmus mit seinen Körperbewegungen) Ein Stück, was Sie kennen?

Kl: Ja (lacht), Klappton, Erich Klappton! How comes it doesn't feel right, just to put a ring on your finger . . .?!

4. NLP ist ein zielorientiertes Verfahren

Das Phänomen, durch das der Klient in der problematischen Situation erkennen kann, ob er sein Ziel erreicht hat, ist in diesem Beispiel ein auditives. Manchmal ist das Zielerkennungsphänomen auch ein visuelles, ein bestimmtes Bild vor dem geistigen Auge etwa, oder eine bestimmte Art der visuellen Wahrnehmung der äußeren Situation. Es kann auch eine Riech- oder Schmeckempfindung sein. Meistens jedoch ist es ein Körperempfinden, wie etwa ein bestimmtes Gefühl in der Brust, das bei genauerem Nachfragen vom Klienten sehr detailliert beschreibbar ist.

Das Zielerkennungsphänomen kann nach so einer Befragung (Submodalitätsfragen) sogar so etwas „Eigenwilliges" sein, wie ein warmes Kribbeln an der Rückseite der rechten Kniescheibe — und zwar im unteren linken Quadranten! Es entspricht der maximal wohlgeformten Zieldefinition: An diesem Phänomen werde ich erkennen, wenn ich in der Problemsituation mein Ziel erreicht habe! Zielerkennungsphänomene sind, vermittelt durch die persönliche Lerngeschichte, für den Betreffenden subjektiv höchst bedeutsam. Von außen beobachtet man an ihm, daß er dann, wenn er nur an dieses bestimmte Phänomen denkt, sofort und intensiv in die Ziel-Physiologie wechselt.

Hat der Therapeut so wie im obigen Beispiel eine sinnesspezifische und auch den anderen Kriterien genügende Zieldefinition erhalten, kann er noch andere Submodalitätsfragen stellen, um die Ziel-Physiologie noch intensiver zu bekommen. Im obigen Beispiel kannte er schon die Submodalitäten „Musik/Geräusch/Klang" und, da Musik, „bekanntes oder unbekanntes Stück". Er könnte jetzt fragen, ob der Klient diese Musik in Stereo- oder Monoklang hört, laut oder leise, ob er seine eigene Stimme hört oder die des Originals, ob es besondere Echo- oder Raumhallenqualitäten gibt, etc.

Mit solchen Fragen hypnotisiert er den Klienten sozusagen noch mehr in die Phantasie und den entsprechenden Zustand hinein, das Ziel schon erreicht zu haben. Je mehr Zeit er sich nimmt, auch hier „penetrant" nachzufragen, desto intensiver bekommt er den „vorweggenommenen" körperlich-geistigen Zustand des Zieles demonstriert.

Der Therapeut arbeitet im NLP also zielorientiert, geleitet durch die Körperlichkeit (Physiologie) des Klienten. Er läßt sich erst zeigen, wie der Klient aussehen wird, wenn er das Ziel erreicht hat, eicht sich in seiner Wahrnehmung auf diesen Zustand und kann dadurch später eindeutig sagen, ob sein dann folgendes therapeutisches Vorgehen erfolgreich war oder nicht: Der Klient muß den Zielzustand allein, ohne irgendeine Unterstützung durch den Therapeuten, erreichen und aufrechterhalten können, wenn er vom Therapeuten wieder in die — dann ehemalige — Problemsituation hineinhypnotisiert wird.

5. Integrität und PeneTRANCE

Die Frage „Woran werden Sie erkennen, wenn Sie Ihr Ziel erreicht haben, . . . (Zitat der letzten Version der Zielformulierung, d. h. die Zielformulierung mit dem nicht erfüllten Kriterium)?" führt meist nicht auf Anhieb zu einer Antwort, die die Wohlgeformtheitskriterien erfüllt. Daher wird der Therapeut sie so lange erneut stellen, bis die einzelnen Kriterien erfüllt sind.

Diese „zitat-reine" und für Außenstehende manchmal penetrant wirkende Art, die Wohlgeformtheitskriterien der Zielbeschreibung sicherzustellen, nenne ich PeneTRANCE: Diese ungewöhnlichen Fragen führen den Klienten immer wieder in kurze Trancezustände, in denen er sich für Momente in der Zukunft befindet. Der Therapeut hypnotisiert den Klienten durch „penetrantes" Fragen immer wieder in den Zukunftsentwurf der Zielerreichung hinein — *und* in den entsprechenden körperlichen Zustand.

Der Klient erlebt diese Fragen — guter Rapport und eine entsprechende Arbeitsvereinbarung vorausgesetzt — nicht als unangenehm, weil er merkt, daß jede dieser Fragen seinen Zustand verbessert: Denkt er nämlich nicht „wohlgeformt" an sein Ziel, tut er das in einem eher schlechteren körperlich-geistigen Zustand (Problem-Physiologie). Beantwortet er die jeweils nächste „penetrante" Frage, verändert sich sein Zustand jedesmal in Richtung auf den angestrebten Zustand (Ziel-Physiologie).

Hinzu kommt, daß seine Integrität durch dieses Vorgehen maximal geschützt ist, denn die Fragen enthalten keinerlei fremden Inhalt, weil in ihnen immer wieder nur die letzte Klientenäußerung zitiert wird, und zwar wörtlich.

In diesem Sinne ist das PeneTRANCE-Modell, wie das NLP generell, sehr direktiv im Vorgehen, um innere *Prozesse* zu ermöglichen, läßt aber dem Klienten äußerste Freiheit in der Ausgestaltung der *Inhalte* dieser Prozesse.

6. Die Sprache als Werkzeug

Klient und Therapeut benutzen die Sprache als Werkzeug: der Klient, um seine Zielformulierung so zu formen, daß das Ziel elegant erreichbar wird und der Prozeß der Zielerreichung schon mit der Zieldefinition anfangen kann. Der Therapeut benutzt die Sprache als Werkzeug, um Zustände des Klienten zu „formen", quasi mit Schallwellen.

Dieses Verständnis von Sprache ist bezeichnend für die Grundlogik vieler Vorgehensweisen im NLP, nach der die Sprache im NLP eigentlich nur zwei Funktionen hat, nämlich die, abzulenken (z. B. beim Wachwerden nach einer Trancearbeit), und die, Zustände zu induzieren.

Eine Aufgabe hätte Sprache in der Therapie in keinem Fall, nämlich die, zu verstehen! Das wäre langjährigen privaten Beziehungen vorbehalten, und selbst da sei dieser Ansatz noch fraglich . . .

Diese von John Grinder stammende Einschätzung der therapeutischen Nützlichkeit von Sprache wird wie sein Angebot zur Lösung des Leib-Seele-Problems durch das NLP („Es gibt keine Seele") erst dadurch schön, daß der Therapeut es sich aussuchen kann, in welchen Situationen er sie glauben will und in welchen nicht. (Beide am besten in solchen, in denen er seine Wahrnehmungsgenauigkeit für körperliche Zustände des Klienten und seine verbale Flexibilität trainieren will!)

Da das PeneTRANCE-Modell dieses Verständnis von Sprache und damit auch das Motto „im Prozeß direktiv, im Inhalt freizügig" konsequent verwirklicht, kann man es als eine typische NLP-Technik ansehen.

Letzteres gilt auch für die Art, in der der Therapeut im PeneTRANCE-Modell dem Klienten hilft, die Veränderung zu erreichen: Der Therapeut fragt den Klienten nach Ressourcen, die dieser einsetzen kann, um sein Ziel zu erreichen. Aber, wie wir sehen werden, fragt er ihn so, daß der Klient schon in der körperlich-geistigen Verfassung anfängt, über Wege zu seinem Ziel nachzudenken, in der er (offiziell erst) sein wird, wenn er das Ziel erreicht hat. Dadurch kommt er zwangsläufig auf andere und angemessenere Ideen als in dem nicht so günstigen Zustand, in dem er sonst nachgedacht hatte.

7. Fortsetzung des Beispiels

Die Tatsache, daß das Ziel so „wohlgeformt" beschrieben ist wie an der Stelle, an der wir die Sitzung unseres Klienten vorhin unterbrochen haben, führt dazu, daß eine bestimmte Frage genügen wird, und dem Klienten kommen in großer Zahl Ideen, wie er den Zielzustand erreichen kann. Damit ist auch das Wohlgeformtheitskriterium erfüllt, nach dem die Art, an das Ziel zu denken, bewirken soll, daß der Klient im günstigen Zustand ist, um sich innerlich Ressourcen für die Zielerreichung zugänglich zu machen.

Th: Als reifer, erwachsener Mann (wartet bis der Klient körperlich auf diese Anrede reagiert: tieferer Atem, Brust etwas 'raus, etc.), was von allen Fähigkeiten, all den Dingen, die Sie gelernt haben . . , (der Therapeut macht jeweils Pausen, bis sich dieser gute Zustand jeweils sogar noch ein bißchen verstärkt) zu verschiedenen Zeiten . . ., an verschiedenen Orten in Ihrem Leben . . ., können Sie benutzen . . ., eventuell auch kombiniert, um in der Streitsituation (Problemkontext) zu dem inneren 'How comes it doesn't feel right' (für diesen speziellen Klienten, sonst allgemein formuliert: zu dem vorher erarbeiteten Zielerkennungsphänomen, etwa dem Kniescheibengefühl) zu kommen?"

Kl: Also . . . (denkt nach, zunächst in dem Zustand, in dem er früher über dieses Problem nachgedacht hat, dann zeigt er zusätzlich aber auch Elemente des Zielzustandes, z. B. den veränderten Körperrhythmus) . . . ich weiß! Ich habe lange Zeit meinen Lebensunterhalt mit Tanzmusikmachen verdient. Auch wenn ich müde war oder absolut genervt, als Schlagzeuger, wenn ich jemanden anzählen gehört habe, war ich sofort da! (zeigt, während er das sagt, eine Physiologie, die der Ziel-Physiologie sehr ähnlich sieht: eine Ressource-Physiologie).

Th: Wunderbar. Für diese Fähigkeit, nennen wir sie der Kürze halber „Voll da", finden oder erfinden Sie innerlich ein Ritual, eine Eselsbrücke, machen Sie sich eine kleine Phantasie oder wie immer Sie es nennen, etwas, das sicherstellt, daß Sie sich im Problemkontext, also wenn gerade Ehestreit ist, an diese Fähigkeit „Voll da" erinnern können.

Kl: (zeigt beim Nachdenken einen ähnlichen Wechsel wie eben) O. k., hab' ich. Soll ich erzählen?

Th: Brauchen Sie nicht, ich habe gesehen, daß Sie es können.

Kl: Will ich aber, denn es war so witzig. Ganz einfach. Wenn meine Frau sich über etwas sehr aufregt, schimpft sozusagen, dann wird ihre Stimme sehr rhythmisch. Dann habe ich mir nur vorgestellt, sie wäre unsere Sängerin, die wir früher in der Band hatten. Wenn die sich gerade über den Bassisten geärgert hatte, ihren Freund, und deshalb wieder mal zu schnell angezählt hatte, dann habe ich ja gewußt, was sie meinte — dann habe ich also (wechselt dabei in die Ziel-Physiologie) sofort das richtige Tempo daraus gemacht. (Dann nachdenklich, in einem nicht mehr so gutem Zustand) Obwohl, äh, . . .

Th: Gut, daß Sie mich auf diese Weise daran erinnern. Ich wollte es erst nachher machen, wenn Sie zusätzlich zu der „Voll da"-Fähigkeit noch weitere gefunden haben, um Ihr Ziel zu erreichen, aber nun tue ich es jetzt schon: Finden Sie mal drei negative Konsequenzen, die es hat oder haben kann, wenn Sie Ihr Ziel erreichen. Finden oder erfinden!

Der Therapeut hat aus der Zustandsverschlechterung, die eben im Anschluß an die innere Vorwegnahme der Zielerreichung auftrat, geschlossen, daß die Zielerreichung in der vom Klienten gedachten Weise nicht ökologisch ist.

Alternativ zu den hier folgenden Schritten könnte er den Klienten eine weitere Ressource suchen lassen, die die Anwendung der ersten ergänzt. Die zuerst gefundene Fähigkeit, innerlich Musik zu hören, steht vielleicht für die Fähigkeit, sich abgrenzen zu können — ähnlich wie Mozart in der Phantasietätigkeit des Komponierens die Schimpftirade der Schwiegermutter in eine beeindruckende Arie verwandelte.

Auf die Frage etwa, welche Fähigkeit noch hinzukommen müßte, damit das Ergebnis rundherum befriedigend wäre, hätte der Klient vielleicht als Ergänzung die Fähigkeit benannt, in kritischen zwischenmenschlichen Situationen auf eine respektvolle Weise den Kontakt zum Gegenüber halten zu können.

Diese Ergänzung wahrt die Ökologie der Situation, denn ein einfaches Abgrenzen durch Rückzug nach innen hätte die Beziehung runiert, bzw. die Möglichkeiten einer bewußt und gemeinsam gestalteten Trennung. Durch das hier beschriebene Vorgehen des Therapeuten wird ebenfalls sichergestellt, daß die Veränderung eine ökologische sein wird.

Kl: Negative?! Na gut. Also . . ., äh, naja, wenn ich zum Beispiel dann anfange, laut zu singen, und sie dann mit dem Bügeleisen nach mir wirft.

Th: (lacht) Und das vielleicht sogar mit Recht?!

Kl: (lacht mit, wird dann ernster) Oder, wenn sie das so tief verletzt, daß irgendetwas in ihr völlig zerbricht (lächelt dann, entspannt sich, mit leichtem Kopfschütteln).

Hier geht der Therapeut davon aus, daß in diesem Moment im Klienten ein Prozeß beginnt, in dem nach der Würdigung der Funktionalität des ursprünglichen „Problemverhaltens" Ideen für zusätzliche und ergänzende Fähigkeiten entstehen.

Th: Gut, daß Sie das alte Verhalten noch können, oder?! Wenigstens ab und an, zur Beziehungspflege (der Klient lacht und sieht berührt aus, versöhnt mit sich selbst: Versöhnungs-Physiologie)!

Th: (nach einer Weile) Was noch? Im NLP nimmt man immer drei, dann kann der Therapeut nachts besser schlafen.

Kl: Bei der Arbeit, wenn ich das da mache, bei einem Abteilungsleiter, au Weia!

Der Therapeut hilft dem Klienten jetzt, für jede dieser Konsequenzen drei Ideen zu finden, was er in seinem Leben noch tun, lernen oder verändern müßte, damit ihnen maximal gut vorgebeugt ist. Außerdem hilft er ihm, diesen zur Abgrenzung und zur souveränen Präsenz befähigende „Voll da"-Ressourcezustand und noch weitere Ressourcen einzusetzen, um die Lage zwischen ihm und seiner Frau realistisch wahrnehmen und respektvoll mit ihr ansprechen zu können. Er hilft dem Klienten auch, die innere Musik in ein leichtes Nicken umzuwandeln, damit er seine Ohren frei hat, um seiner Frau zuzuhören. Damit hat er die Fähigkeiten, respektvoll-abgegrenzt und präsent zu sein, zu seiner Verfügung.

Danach bestand der Therapeut auch noch darauf, daß der Klient drei Situationen findet, wo er das alte Verhalten auf jeden Fall behalten möchte — wo er froh ist, daß er es noch in seinem Repertoire hat. Der Klient fand zunächst nichts.

Th: Stellen Sie sich vor, Ihre Frau, als derjenige Mensch, der Sie wohl am besten kennt (Klient nickt), hat Ihnen etwas Wichtiges zu sagen. Sie traut sich zuerst nicht, weil sie nicht ohne Grund befürchten muß, daß Sie gleich durchdrehen werden, wenn sie es Ihnen erzählt. Aber sie weiß, daß sie Ihnen ihr Wissen mitteilen muß: Es geht um eine Korrektur Ihres Verhaltens, die dringend erforderlich ist, weil sonst Ihr Leben oder Wohlbefinden oder das eines Ihnen nahestehenden Menschen ernsthaft bedroht wäre. Sie weiß, daß sie das Risiko in Kauf nehmen muß, daß Sie gleich nach den ersten Sätzen durchdrehen, weil Sie sich das Gesagte sonst nicht so zu Herzen nehmen würden, wie Sie es für eine schnelle Korrektur Ihres Kurses müßten . . .

Kl: (berührt und nachdenklich, Versöhnungsphysiologe) O. k., hab' verstanden . . .

Der Klient fand daraufhin noch mehr Situationen, in denen er dem alten Verhalten den Vorzug vor dem neuen geben würde. Eine ähnliche Situation zum Beispiel, in der er seine Frau nämlich gebeten hatte, ein Manuskript einer wichtigen Rede, die er halten mußte, zu lesen und möglichst kritisch zu kommentieren. In der Weise zumindest wollte er dann die Fähigkeit behalten, sich das von ihr Gesagte sehr zu Herzen nehmen zu können. Allerdings mit etwas „Voll-da"-Rhythmus vermischt zum besseren Finden von Ideen dazu, wie er seine Rede auf ihre Kritik hin angemessen verändern könnte.

Dann stellt der Therapeut dem Klienten, ganz beiläufig, um das Bewußtsein des Klienten möglichst herauszuhalten, eine Frage, mit der er ihn quasi in den Problemkontext hineinhypnotisiert: „Wann ist eigentlich wieder mal so ein Streit zu erwarten, so eine besondere Situation im Wohnzimmer?"

Die Sitzung war erfolgreich, wenn der Klient als nonverbale Antwort, noch bevor er verbal antwortet, diese Abfolge zeigt: Problem-Physiologie (so wie er ursprünglich aussah, als er an die Streitsituation dachte), Ressource-Physiologie (wie er aussah, als er an „Voll-da"-Sein dachte) und dann die Ziel-Physiologie (so wie er aussah, als er an das Lied von Clapton dachte – in beweglicher und zentrierter Weise abgegrenzt).

8. Generelle Fragen —
   „Wieso, weshalb, warum?"

Die Antworten des Klienten auf die Fragen in den letzten beiden Abschnitten (wer, wie, was, für wen, woran werden Sie erkennen, wie werden Sie wissen) bewirken eine genauere Auseinandersetzung des Klienten mit seinen inneren Prozessen. Sie verhindern oft sehr unproduktive Begründungen.

a) Motivation

Fragen nach Gründen und Zwecken von Zielsetzungen können aber auch sehr wichtig sein; z. B., um herauszufinden, ob der Klient genug Motivation hinter seinem Wunsch hat, das Ziel zu erreichen, oder auch, um herauszufinden, ob der Klient das Ziel hinter dem Ziel (das Meta-Ziel) nicht auf andere Weise leichter erreichen kann, oder ob das Meta-Ziel mit anderen Zielen im Konflikt steht.

Wenn der Klient aus dem Beispiel von eben am Anfang der Sitzung gefragt worden wäre: „Warum wollen Sie das Ziel erreichen", oder „Was haben Sie davon, wenn Sie dieses Ziel erreichen", hätte er vielleicht geantwortet „Weil ich nicht krank werden will" oder „Weil ich die Beziehung zu meiner Frau nicht gefährden möchte und ich ihr ein besserer Partner sein möchte" oder „Weil ich meinen Teil dazu beitragen möchte, daß wir uns zusammen entwickeln können, als Mann und Frau."

Hätte er geantwortet, „Weil es mich stört, in unserer hellhörigen Wohnung, wenn die Nachbarn immer alles mitkriegen und mich dann immer am nächsten Morgen so komisch angucken", dann wäre das vielleicht als Motivation für dieses spezielle Ziel nicht ausreichend und eine Veränderung im Leben des Klienten über die Setzung eines anderen Zieles vielleicht schneller und umfassender zu erreichen. So könnte der Therapeut den Klienten fragen, ob vielleicht das Ziel, „vor den Nachbarn zu dem, was in Ihrer Ehe passiert, stehen zu können" auch ein interessantes Ziel für ihn ist, oder vielleicht das, „sich darauf vorzubereiten, allein zu leben". Entschließt sich der Klient, an einem dieser Ziele zu arbeiten, erreicht er eventuell sein Ziel schneller, keinen Ehestreit mehr zu haben, weil er auf dem Weg zu dem Ziel „vor den Nachbarn dazu stehen" vielleicht Dinge lernt, die er dann auch gut in Streitsituationen brauchen kann, wie etwa, ein gutes Selbstwertgefühl zu halten, oder auch, in den Auseinandersetzungen konsequent schon einen respektvollen Weg zur Scheidung zu suchen.

b) Kriterien und Werte

Der Therapeut kann aber auch nach dem Ziel hinter diesem Ziel, das erste Ziel zu erreichen, fragen: „Wofür (oder auch: Warum) ist es wichtig, daß die Nachbarn nicht alles mitbekommen und nicht so komisch gucken?" Auf diese Weise kann er zu einem höheren persönlichen Wert des Klienten kommen, denn der antwortet vielleicht: „Ich kann mich dann selbst besser leiden.". Dann kann der Therapeut versuchen, diesen höheren Wert „sich selbst leiden können" als Motivation für das erste Ziel zu nutzen: „„Im Ehestreit nicht immer gleich durchzudrehen', stellen Sie sich vor, Sie hätten das schon erreicht. Wenn Sie sich das vorstellen, wäre das eine Hilfe, sich selbst besser leiden zu können?" Diese zusätzliche Motivation eröffnet dem Klienten eventuell den inneren Zugang zu Ressourcen, die er dann zusätzlich einsetzen kann, um sein Ziel zu erreichen.

c) Kriterien-Hierarchie

Die Auseinandersetzung mit den eigenen Zielen und Werten ist ein sehr wichtiger Schritt des Klienten in jeder Therapie. Der Therapeut kann dem Klienten dabei helfen herauszufinden, was er wichtig und was er weniger wichtig nimmt: „Was ist so wichtig für Sie, daß Sie das, was Sie gerade als wichtig bezeichnet haben, außer acht lassen würden?" Mit Hilfe dieser Frage kann man, wenn man sie immer wieder stellt, die Kriterien-Hierarchie eines Menschen herausbekommen: Menschen ordnen in ihrer inneren Vorstellungswelt ihre Werte und Standards (Kriterien) entsprechend ihrer subjektiven wahrgenommenen Wichtigkeit.

Diese innere Anordnung kann man oft den sprachlichen Beschreibungen entnehmen: Wenn der Klient beispielsweise von „höheren" oder von „grundlegenden" oder von „Basis-Werten" spricht, oder von solchen, die ihm „sehr am Herzen liegen", oder von denen, die ihm nur eher „am Rande (peripher)" wichtig sind. Solche Beschreibungen korrespondieren mit der Gestik, die Menschen benutzen, wenn sie über ihre Werte reden und mit deren submodaler Kodierung.

Hat der Therapeut mit dem Klienten zusammen dessen Kriterien-Hierarchie herausgearbeitet, so kann er ihm helfen, wie oben beschrieben, sein Ziel als eine Verwirklichung des höchsten Kriteriums zu denken, um ihm so eine höhere Motivationskraft zu geben.

Außerdem kann er mit dem Klienten zusammen überprüfen, ob einzelne Über- oder Unterordnungen von Kriterien in seiner Hierarchie Probleme in seinem Leben erzeugen. Vielleicht findet der Klient den Wert „Sich ein Laster gönnen" (in Bezug auf einen hohen Zigarettenkonsum) höher angeordnet als den Wert „Gesund sein". In diesem Fall kann der Therapeut dem *Klienten mit geeigneten Instruktionen helfen, seine Kriterienhierarchie durch eine Veränderung ihrer submodalen Kodierung zu korrigieren.*

— 5 —
Die Veränderungsarbeit —
was der NLP-Therapeut tut

Jetzt folgt ein kleiner Überblick über einige NLP-Vorgehensweisen, der an möglichen Zielen orientiert sein wird, die Klient und Therapeut eventuell zusammen erreichen wollen. Da aus Platzgründen nur einige wenige Techniken vorgestellt werden können, habe ich die — für mich — schönsten und auch NLP-typischsten ausgewählt.

- Neue Möglichkeiten schaffen
- Fähigkeiten zugänglich und verfügbar machen
- Traumata und Phobien auflösen
- Versöhnung nach innen und außen
- Die Balance verbessern
- Die Identität erweitern

1. Neue Möglichkeiten schaffen

a) „Erweitern" im Gegensatz zu „wegmachen"

Kommt jemand nicht mit einem Veränderungswunsch in die Sitzung, sich ein Problem „wegtherapieren" (ganz entsprechend des medizinischen Krankheitsbegriffes) zu lassen, sondern um etwas neu zu erlernen, was er noch nicht so gut oder überhaupt noch nicht kann, so ist ein NLP-Therapeut gut darauf vorbereitet, ihm zu helfen: Es gibt im NLP neben kurativen

Techniken auch solche, die auf eine Erweiterung der Möglichkeiten angelegt sind. Schauen wir uns einige an.

b) Modellernen life

Diese Techniken bestehen im Wesentlichen darin, dem Klienten zu helfen, seine Fähigkeiten, von Vorbildern (Modellen) zu lernen (Modell-Lernen), wieder neu zu entdecken und für das tägliche Leben nutzbar zu machen.

Dabei ist eine Möglichkeit, daß das Modell direkt für die gemeinsame Arbeit verfügbar ist. Dann ist der Klient in der gleichen Situation wie die damaligen Freunde John und Richard, als sie sich die wirkungsvollen Verhaltensweisen von Perls, Erickson oder Satir „abmodellierten". Nur, daß es nicht ein Freund und Kollege sondern ein Therapeut ist, der ihm dabei hilft, vom Vorbild die für das Erlernen der jeweiligen Fähigkeit notwendigen Informationen zu bekommen. Es sind Informationen auf der Ebene

der Identität (Was muß ich glauben können, für ein Mensch zu sein, um das zu können?),

allgemeine Glaubenssätze (Was muß ich über Menschen, oder über Männer und Frauen, über Beziehungen, über Fähigkeiten, über Lernen und Vererbung, oder über Gott und die Welt glauben können, wenn ich diese Fähigkeit auch lernen möchte?)

von Fähigkeiten (Wie, und in welcher Reihenfolge, innerlich und äußerlich, muß ich meine Sinne einsetzen, um das auch zu können? Welche inneren Bilder, Gehörseindrücke, Körper- und Tastgefühle etc. und welche Übergänge von einem Sinneskanal zum anderen sind für die zu erlernende Fähigkeit wichtig?)

Der Therapeut hilft dem Klienten zunächst, seinem Modell die richtigen Fragen zu stellen. Das sind solche, mit deren Hilfe er genau die Informationen bekommt, die er braucht, um in seiner eigenen Lebensgeschichte diejenigen Situationen und Teilfähigkeiten zu finden und wiederzuentdecken, die er dann zu der Fähigkeit zusammensetzen kann, welche er von seinem Vorbild lernen will. Bei dieser inneren Arbeit hilft der Therapeut dem Klienten mit Trancezuständen und Prozeßinstruktionen.

c) Lernen von verinnerlichten Modellen

Bei der zweiten Version des Modellernens („Generator neuen Verhaltens") durchläuft der Klient diesen Prozeß, ohne daß sein Modell physisch anwesend ist. Das ist möglich, weil es in seinen wesentlichen Charakteristika ja ohnehin schon in ihm gespeichert ist. Der Therapeut hilft ihm, im Denken und im inneren „Probehandeln" sauber voneinander getrennt und in einer ganz bestimmten Folge die notwendigen Dinge zu tun:

Er sieht zuerst einen kleinen Film vor seinem inneren Auge, der ihn — quasi von außen — in der Situation zeigt, in der er gerne das neue Verhalten hätte. Dann sieht er einen Film, der sein Vorbild mit dem von ihm angestrebten Verhalten in dieser gleichen Situation zeigt, und schließlich wieder einen, der ihn selbst in dieser Situation zeigt — jetzt aber mit dem neuen Verhalten. Das Vorbild kann dabei auch ein Filmstar, eine Romanfigur oder eine selbsterfundene Phantasiegestalt sein.

„Vorbild" wohlgemerkt zunächst nur für dieses eine, spezielle Verhalten. Der Klient wird also mit seinem Therapeuten zusammen einige Sorgfalt darauf verwenden, das Gesamtverhalten des Modells genau zu sortieren, damit er nicht etwas „aus Versehen mit einkauft", das er nicht will, oder das er zwar auch gerne hätte, aber für das er oder seine Lebenssituation noch nicht ausreichend vorbereitet ist.

Der Klient sieht sich den inneren Film in der durch dieses Sortieren veränderten Fassung an. Der Therapeut sorgt dann dafür, daß der Klient sich bestimmte Fragen stellt — wirklich ausformuliert in seinem inneren Dialog: „Wie würde ich aussehen, wenn ich das auch könnte?", oder „Könnte ich das auch tun?" und schließlich, „Bin ich bereit, mit den Konsequenzen umzugehen, die es haben wird oder haben kann, wenn ich dieses Verhalten tatsächlich zeige?" Die Beantwortung dieser Fragen führt jeweils zu einer veränderten Version des Filmes, der ihn mit dem neuen Verhalten zeigt. Bevor der Klient in den Film „hineinsteigt", um sich das Verhalten auf diese Weise tatsächlich „anzueignen", hat der Therapeut ihm also geholfen, innerlich zu überprüfen, ob er die für das Verhalten notwendigen körperlichen und geistigen Grundfähigkeiten hat, und ob er kongruent (ganzherzig) bereit ist, die möglichen negativen Folgen anzunehmen, die es hat (oder haben könnte), wenn er das neue Verhalten dann auch tatsächlich einsetzt. Wenn er innere Vorbehalte hat, bekommt er von seinem Therapeuten spezielle Instruktionen, wie er mit ihnen umgehen kann.

Ob das Modell tatsächlich oder nur innerlich anwesend ist, in beiden Fällen besteht die wesentliche Aufgabe des Therapeuten darin, mit dem Klienten zusammen zu überprüfen, ob dieser innere, vielleicht sogar nicht bewußte Einwände und Bedenken dagegen hat, das betreffende Verhalten zu erlernen, bzw. es zu können. Ist das der Fall, hilft er ihm, den Film von sich selbst mit dem neuen Verhalten so abzuwandeln, daß die entsprechenden Einwände (die auf die innere Frage nach den Konsequenzen deutlich werden) voll berücksichtigt werden, oder er

führt ihn durch einen zusätzlichen Prozeß (6-Step-Reframing s. Kap. 5.4), der sicherstellt, daß diese Einwände nicht zu „inneren Saboteuren" werden, die gänzlich verhindern könnten, daß er seine Fähigkeit zum Modellernen voll einsetzen kann, oder er

hilft dem Klienten, Ideen darüber zu bekommen, was er als „flankierende Maßnahme" noch neu dazulernen oder umorganisieren muß, damit in seinem Leben durch das neue Verhalten nicht etwas anderes kaputt geht — damit also diese Veränderung ökologisch ist (und es später nicht heißt: „Durchsetzungsfähigkeit" erfolgreich gelernt, aber alle Beziehungen „im Eimer", in denen sie wichtig gewesen wäre!).

Menschen können eigentlich nicht nicht modellernen, da es ein genauso automatischer Prozeß wie das Atmen ist. Es sei denn, sie können ihr Vorbild nicht lange genug studieren oder dürfen es nicht, erlauben es sich selbst nicht oder werden daran gehindert.

Diese Phase des Studierens geschieht oft in einem leichten Trancezustand, manchmal mit halb geöffnetem Mund. Genau diesen Gesichtsausdruck habe ich einmal bei meinem damals anderthalbjährigen Sohn gesehen: Gebannt und versunken, studierte er einige Minuten lang die größeren Jungen bem Fußballspielen. Dann übernahm er „an einem Stück" den ganzen komplexen Ablauf „Anlauf nehmen, schießen, hochspringen und ‚Tor'-Rufen" in sein eigenes Verhaltensrepertoire. *Er durfte also, konnte auch, erlaubte es sich und kam auch dazu!*

Findet der Therapeut den Klienten in einer Situation vor, in der dieser (in der Vergangenheit oder auch in der Gegenwart) nicht durfte, nicht konnte oder nicht dazu kam, wird er ihm helfen, diese Situation zu korrigieren, genauso eventuell vorhandene einschränkende Glaubenssätze wie „Ich habe es nicht verdient" oder „Ich kann's ja sowieso nicht".

Ein anderer Grund für eine Störung der immer vorhandenen Fähigkeit des Modellernens ist eher eine Auswirkung der jetzigen Lebenssituation des Klienten als eine seiner Lerngeschichte. Es kann nämlich sein, daß er nicht „kongruent" (innerlich gespalten, nicht ganzherzig, nicht eindeutig, nicht hundertprozentig dabei) ist bezüglich seines Wunsches, das betreffende Verhalten zu können. Diese Inkongruenz hat entweder die Form eines bewußt erfahrbaren Konfliktes („zwei Seelen sind in meiner Brust") oder die Form von inneren, halb- oder unbewußten Einwänden.

Manchmal können sie auch schon bewußt geworden sein, wie etwa „Wenn ich mich jetzt meinem Chef gegenüber so selbstbewußt verhalte wie mein Vorbild Schimanski, dann sollte ich vorher eventuell noch bestimmte Fähigkeiten für die verbale Auseinandersetzung lernen — damit ich sicher bin, daß ich ihn nicht einfach zusammenschlage!"

Ohne die Einbeziehung von solchen inneren Inkongruenzphänomenen ist Lernen generell nicht möglich und daher auch keine Veränderung. Deshalb brauchen Menschen, die sich verändern wollen, jemanden, der solche Inkongruenzen „von außen" wahrnehmen kann und ein entsprechendes Feedback gibt. Genau das macht der Therapeut im NLP. Er gibt dem Klienten kontinuierlich Feedback, meist verpackt in Instruktionen und Aktionen, so daß dieser die eigenen inneren Einwände bei seinen Vorhaben als zusätzliche Informationen nutzen kann. Grundlage dieses Feedbackprozesses ist, daß die noch nicht bewußten Einwände und Bedenken von außen als Inkongruenzen im Verhalten des Klienten wahrnehmbar sind. Die verbalen und nonverbalen Rückmeldungen des Therapeuten sind für den Klienten wie ein Vergrößerungsspiegel, ein Monitor-Lautsprecher oder wie empfindliche Meßfühler. Sie bringen ihn dazu, „innere Meldungen" nicht zu übersehen (-hören oder -fühlen).

Im letzten Schritt steigt der Klient in den Film ein und durchlebt in seiner Vorstellung das neue Verhalten, sozusagen aus der eigenen Wahrnehmungsperspektive, mit allen dazugehörigen Empfindungen und Gefühlen, detailliert und lebendig.

Diese Art des gut vorbereiteten und dadurch sehr intensiven inneren „Probehandelns" ist die Grundlage dafür, das Verhalten in der Realität dann tatsächlich zeigen zu können.

d) Fetisch und Symptomverschiebung

Neue Möglichkeiten durch eine gezielte Symptomverschiebung zu schaffen, ist das Ziel einer kleinen Übung, die hier stellvertretend für viele Submodalitätstechniken dargestellt werden soll, die das NLP dem kreativen Genius Richard Bandlers zu verdanken hat:

Mit Hilfe von Submodalitäten läßt sich verändern, ob etwas wie ein Fetisch erlebt wird oder wie etwas Trivial-Langweiliges. So kann der Therapeut dem

Klienten helfen, das, was für ihn zwar gesund und gut, aber sehr lästig ist, so zu erleben, daß er „scharf darauf" und motiviert dazu ist.

Sie können eine einfache Übung machen, um einen Eindruck von der Wirksamkeit dieser Art von Arbeit mit Submodalitäten zu bekommen.

Denken Sie einmal an etwas, hier „profan" genannt, wozu Sie keine Lust haben, was aber sehr wichtig für Ihr körperliches, seelisches oder materielles Wohlbefinden ist. Beispiele könnten sein: Sport treiben, zum Zahnarzt gehen, die Lohnsteuererklärung anfertigen etc. Fragen Sie sich: „Wie weiß ich, daß das profan (in dieser Definition) ist?", und achten Sie dann einfach auf die Art von bildlicher Darstellung, die in Antwort auf diese Frage vor Ihrem geistigen Auge entsteht. Gehen Sie dann die Liste der visuellen Submodalitäten durch und schreiben Sie sich die Merkmale auf, die Sie bei Ihrem inneren Bild finden (s. Kap. 3: Feine Unterschiede im Sinn).

Dann denken Sie an etwas, im folgenden „Fetisch" genannt, wozu oder worauf Sie sehr große Lust haben. Beispiele können die klassischen Fetische wie Damenhöschen etc. sein, oder aber auch solche wie Ihre Zigaretten, wenn Sie leidenschaftlicher Raucher sind, oder ein Spielautomat, wenn Sie ein ebensolcher Spieler sind, oder auch Gummibärchen, falls Sie wild auf die sind. Es sollte möglichst etwas sein, in Bezug auf das Sie nicht traurig wären, wenn Sie es weniger täten. Nehmen Sie keine Details aus einer lustvoll-erotischen, auf einen anderen Menschen bezogenen Begegnungserinnerung oder -phantasie, sondern eher so etwas wie ein Suchtmittel oder den Gegenstand eines Zwanges.

Stellen Sie sich die Frage: „Wie weiß ich, daß das ein Fetisch (in dieser Definition) ist?", und achten Sie dann wieder auf die Art von bildlicher Darstellung, die in Antwort auf diese Frage vor Ihrem geistigen Auge entsteht. Gehen Sie dann wieder die Liste der visuellen Submodalitäten durch und schreiben Sie sich die Merkmale auf, die Sie bei diesem inneren Bild finden (Film, farbig, dreidimensional etc.).

Jetzt denken Sie wieder an das Bild des Profanen, behalten Sie den Inhalt bei und verändern Sie Merkmal für Merkmal die Qualitäten dieses Bildes, bis es in allen Merkmalen denen des Fetisch entspricht.

Wahrscheinlich haben Sie jetzt eine „Symptomverschiebung" produziert, die (hoffentlich) einige Zeit anhält.

Dem Autor ging es zumindest so, daß er auf diese Weise als damaliger Raucher für ein gutes halbes Jahr nicht geraucht hat und stattdessen „zwanghaft" mit seinen Zähnen beschäftigt war: Oft putzen, eine fällige Sanierung angehen und genau die eine sich über Jahre erstreckende Bißkorrektur durchhalten — eine sehr nützliche neue Sucht.

Diese kleine Technik muß in den meisten Fällen natürlich von anderen Maßnahmen wie etwa einem 6-Step-Reframing begleitet werden, wenn sie zu dauerhaften Veränderungen führen soll. Aber immerhin, im Falle des Autors hat sie ein dauerhaftes Verhältnis zur Zahnpflege initiiert und außerdem den Weg zum Nichtraucher entscheidend vorbereitet.

2. Fähigkeiten zugänglich und verfügbar machen

Nicht nur in Bezug auf Inkongruenzen ist es die Hauptaufgabe des Therapeuten, dem Klienten kontinuierliches Feedback zu geben, sondern in Bezug auf dessen Zustände und Zustandsveränderungen allgemein. Dieses Feedback gibt der Therapeut in den seltensten Fällen verbal und direkt („Mir fällt auf, daß . . ."), sondern er gibt es, indem er sich selbst mit seinen Berührungen, seinen Gesten und seiner Stimme in unmittelbarem Kontakt zum Klienten gezielt einsetzt. Eine solche feedback-geleitete Kommunikation findet jeden Tag statt.

Wenn man z. B. jemand aufheitern will, verändert man — meist unbewußt-intuitiv und unsystematisch — sein eigenes Verhalten so lange, bis man immer mehr von dem sagt oder tut, was die gewünschte Wirkung auf den anderen hat, und immer weniger von dem, was den anderen in seiner weniger guten Stimmung beläßt. Zum Beispiel erinnert man ihn mit Andeutungen oder Gesten an eine gemeinsame heitere Erfahrung. Hat man dann im anderen eine positive physiologische Veränderung bewirkt, die man an dessen Atmung, Gesichtsfarbe, Haltung und Muskeltonus tatsächlich sieht, kann man davon ausgehen, daß er — bewußt oder unbewußt — sich an eine Fähigkeit aus der heiteren Erfahrung erinnert.

Dann wird man sicher irgend etwas tun oder sagen (oder der andere tut es oder irgendwas in der Umgebung sorgt dafür), was für den anderen eine Verbindung zwischen der gemeinsamen heiteren Erinnerung und der Erinnerung an die ursprüngliche Stimmung herstellt. Auf der physiologischen Ebene hat man den anderen auf diese Weise in einen Mischzustand hineinbegleitet, in dem Merkmale beider vorher ausschließlich getrennt aufgetretenen Zustände zusammen vorhanden sind. Innerlich hat der andere in diesem Prozeß der Integration, bewußt oder unbewußt, seine Fähigkeit aus der heiteren Erinnerung darauf angewandt, wie er mit dem umgeht, was vorher für eine weniger gute Stimmung gesorgt hat.

Um diesen Wechsel von der Problem- über die Ressource-Physiologie in die integrierte Physiologie geht es auch dem Therapeuten, wenn er dem Klienten hilft, sich dort Fähigkeiten zugänglich und verfügbar zu machen, wo er sie braucht — eine zentrale Aufgabe jeder Therapie. Dabei assistiert er dem Klienten in ähnlicher Weise wie eben für den Alltag beschrieben, nur systematischer, als ultra-fein eingestelltes „Feedbackinstrument", wie unten noch genauer beschrieben werden soll.

In seiner allgemeinen Form besteht dieses Vorgehen zur Integration zweier Physiologien aus den Schritten:

1. Bestimmung der Situation des Klienten (Problemsituation, in der dieser eine neue Fähigkeit (Ressource) braucht. Induktion der Problem-Physiologie und Einrichtung eines Erinnerungssignales (Anker), um sie später erneut induzieren zu können.

2. Bestimmung der dort benötigten Ressource. Induktion der Ressource-Physiologie dadurch, daß der Therapeut den Klienten so in den Ressource-Zustand „hineinmanipuliert", daß dieser deutlich die dazugehörige Ressource-Physiologie zeigt — z. B. dadurch, daß der Klient sich innerlich Situationen vergegenwärtigen soll, in denen er die gesuchte Ressource voll verfügbar hatte. Einrichtung eines Erinnerungssignales auch für diesen Zustand.

3. Integration: Der Therapeut setzt sich selbst mit seinen für die Zustände eingerichteten Signalen so ein, daß der Klient innerlich die Problem- und die Ressourcesituation so verbinden kann, daß er sich in der Problemsituation die Ressourcen zugänglich machen kann. Der Klient zeigt dabei in seinem Körper gleichzeitig Elemente der Problem-Physiologie und der Ressource-Physiologie.

Dieses Vorgehen nutzt das Prinzip der Stimulus-Response-Konditionierung, das Bandler und Grinder für die therapeutische Situation nutzbar machten — im NLP Ankern genannt. Dieses Prinzip besagt, daß eine Reaktion, wenn sie mit einem bestimmten sicht-, hör-, fühl-, riech- oder schmeckbaren Reiz (Stimulus, Anker) gekoppelt wird, durch eben diesen Reiz später wieder hervorgerufen werden kann.

Im obigen „Ehestreit"-Beispiel, also im Pene-TRANCE-Modell, waren die Anker, die Erinnerungssignale, für die Physiologien vor allem auditive Stimuli: Worte und Betonungen des Therapeuten.

Er hat zunächst die Problem-Physiologie induziert, intensiviert und stabilisiert, indem er darauf bestanden hat, daß der Klient die Problemsituation genau festlegt. Als der Klient sich diese innerlich vergegenwärtigte und dadurch „voll in der Problem-Physiologie" war, hat der Therapeut in einer bestimmten Betonung von „dieser Situation" gesprochen und es dem Klienten dadurch ermöglicht, eine Verknüpfung zwischen der Problem-Physiologie und diesen in dieser Weise betonten Worten geschaffen. In der Sprache des NLP heißt das, er hat einen auditiven Anker für die Problem-Physiologie etabliert: Spricht er später diese Worte wieder so aus, wird der Klient wieder in die Problem-Physiologie hineinwechseln. Damit hat der Therapeut eine Möglichkeit, den Zustand später erneut zu induzieren und auch, wenn es notwendig ist, ihn eine zeitlang stabil zu halten.

Auch für die Ressource-Physiologie hat der Therapeut einen Anker etabliert, nämlich indem er zunächst das Zielerkennungsphänomen mit dem Klienten zusammen als Selbstanker für die Ziel-Physiologie herausgearbeitet hat und dann die entsprechenden Bezeichnungen für dieses Phänomen eingesetzt hat, um den Klienten die Ressourcen finden zu lassen. Die Privat-Bezeichnung des Klienten für dessen als Ressource benötigte Fähigkeit („Voll da") ist ein verbal-auditiver Anker für die Ressourcen-Physiologie — der körperlich-geistige Zustand, aus dem heraus der Klient Zugang zu seiner Fähigkeit hat. Diesen Anker kann sowohl der Klient selbst als auch der Therapeut einsetzen, um die Ressource-Physiologie wieder zugänglich zu machen und um sie zu stabilisieren.

Die Integration beider Physiologien findet im Pene-TRANCE-Vorgehen dadurch statt, daß der Therapeut den Klienten auffordert, „innerlich ein Ritual, eine Eselsbrücke oder eine kleine Phantasie" zu durchlaufen, etwas, was sicherstellt, daß er sich im Problemkontext wieder an die Ressource erinnert. In dieser Instruktion bietet der Therapeut durch die (wiederholte und ggf. abwechselnde) Benutzung der jeweiligen Bezeichnungen für die Problem-Physiologie und die Ressource-Physiologie („diese Situation" bzw. „Streitsituation" und „Voll da"-Fähigkeit) beide Anker dar und hilft dem Klienten auf diese Weise bei der körperlichen und geistigen Integration beider vorher dissoziierter Zustände.

In der Integrationsphase gibt der Therapeut dem Klienten also vermittelt über den gleichzeitigen, bzw. schnell wechselnden Einsatz beider Anker ein verhaltensmäßiges Feedback darüber, in welchem Zustand sich der Klient im jeweiligen Moment befindet.

Zeigt der Klient zu einseitig die Problem-Physiologie, gibt ihm der Therapeut ein unmittelbares Feedback darüber, indem er den Anker für die Ressource-Physiologie einsetzt — er „steuert gegen".

Geht der Klient bei der Integration zu einseitig in die Ressource-Physiologie, bekommt er darüber ein sofortiges Feedback mit Hilfe des Ankers für die Problem-Physiologie — solange, bis beide Physiologien sich mischen.

Für diese Art von „integrationsförderndem Feedback" sind besonders Berührungen, kinästhetische Anker, geeignet: Wenn sich der Klient zum Beispiel gerade innerlich sehr intensiv eine bestimmte Situation vergegenwärtigt und er dabei auch den dazugehörenden körperlichen Zustand entwickelt, kann der Therapeut etwa in der gleichen Zunahmegeschwindigkeit der Intensität dieses Zustandes den Klienten zunehmend herzhafter anfassen. Wiederholt er dann später diese Art von Berührung in der gleichen Weise und an der gleichen Körperstelle des Klienten, so wird dieser wieder in den körperlich-geistigen Zustand zurückgehen, in dem er bei der ersten Berührung war.

Eine bekannte Version dieses Vorgehens ist die „Veränderung der persönlichen Geschichte". Hier vergegenwärtigt sich der Klient zunächst eine problematische Situation, wobei der Therapeut die begleitende Problem-Physiologie durch Anfassen an einem Körperpunkt ankert.

Dann fragt der Therapeut, welche von allen ihm grundsätzlich zur Verfügung stehenden Ressourcen der Klient in dieser Situation gerne zur Verfügung gehabt hätte. Vergegenwärtigt sich der Klient diese Ressource, hilft der Therapeut ihm, die bei dieser inneren Vergegenwärtigung auftretende entsprechende Physiologie zu intensivieren, wobei er sie durch Anfassen an einer anderen Körperstelle ankert.

Für die Integrationsphase erhält der Klient die Instruktion, die vergangene Situation noch einmal zu durchleben, aber diesmal mit seiner Ressource. Währenddessen hilft der Therapeut, daß der Klient beide körperlich-geistigen Zustände gleichzeitig erleben kann — wobei er so mit beiden Ankern „spielt" und jeweils „gegensteuert", daß und bis beide Physiologien gleichzeitig auftreten.

Wenn man diesen Prozeß noch nicht kennengelernt hat, so kann man sich ihn vielleicht am leichtesten wie einen von Instruktionen begleiteten Traum vorstellen, in dem Menschen, Umgebungen und Gegenstände aus lebenszeitlich verschiedenen Epochen in kreativer Weise zu neuen Erlebnissen zusammengemischt werden, und als dessen Resultat man mit guten Gefühlen an zukünftige Schwierigkeiten denken kann, die vor dem Traum vielleicht noch unüberwindbar schienen.

Dieser Integrationstechnik liegen die Annahmen zugrunde, daß

ein bestimmter körperlich-geistiger Zustand (eine „Physiologie") die Grundlage für eine bestimmte Klasse von Verhaltensweisen ist. Danach ist die Problem-Physiologie die Grundlage für die Verhaltensweisen, die der Klient in der Problemsituation ersetzen will, und die Ressource-Physiologie die Grundlage für die gewünschten neuen Verhaltensweisen.

die körperliche Integration beider Physiologien dazu führt, daß in der Problemsituation sowohl die ursprünglichen Verhaltensweisen als auch die gewünschten neuen Verhaltensweisen zugänglich sind.

der Betreffende dann die durch das Auftreten der integrierten Physiologie möglich gewordenen Kombinationen von Verhaltensweisen selbst den Erfordernissen der (ehemaligen) Problemsituationen anpaßt.

Interessanterweise findet bei dieser Technik, die manchmal auch „Anker (bzw. Realitäten) kollabieren" genannt wird, die Integration auch dann statt, wenn der Therapeut das Bewußtsein des Klienten ablenkt, anstatt ihm, wie in der Version dieser Technik „Veränderung der persönlichen Geschichte", Instruktionen für eine Veränderung der Erinnerung der Problemsituation zu geben. Der Klient kann also auch an etwas anderes denken, und die Integration der Zustände findet beim Einsatz beider Anker trotzdem statt.

Diese Tatsache macht die Integrationstechnik universal einsetzbar. Zum Beispiel eben auch dann, wenn der Klient es weder bewußt registriert, daß er in einer Problem-Physiologie und in einer Ressource-Physiologie geankert wird, noch, daß er mit Hilfe der Anker durch eine Integration geführt wird.

Das ist etwa dann der Fall, wenn der Therapeut mit einem Paar A und B arbeitet, und B jedesmal, wenn A mit dem Zeigefinger eine „unterstreichende" Geste macht, in sich zusammensackt und blaß wird (Problem-Physiologie). Der Therapeut kann, wenn er diesen Ablauf (diese kalibrierte Schleife) mehrere Male beobachtet hat, genau in dem Moment, wenn A wieder seinen Zeigefinger hebt, die entstehende Problem-Physiologie bei B ankern, etwa wenn er B im Moment des Entstehens der Problem-Physiologie am Arm anfaßt — mit der gleichen Zunahme an Herzhaftigkeit, wie die Problem-Physiologie an Intensität zunimmt.

Hat er auf diese Weise einen Anker für die betreffende Problem-Physiologie etabliert, testet er diesen, indem er B nach einer kleinen Ablenkung, durch die er ihn ganz aus dem Problemzustand herausholt, nochmals in der gleichen Weise anfaßt: Entsteht die gleiche Physiologie wieder, weiß der Therapeut, daß er den Anker sauber etabliert hat, d. h. mit guter Sensibilität für Intensität und

Timing. Entsteht sie nicht noch einmal, so müßte er warten, bis in der Paarinteraktion der Ablauf Zeigefinger-Problem-Physiologie nochmals passiert, und dann noch einmal die Problem-Physiologie ankern.

Dann kann er B fragen, wie er lieber reagieren möchte, wenn „das in ihren Gesprächen passiert" (hier benutzt er einmal kurz den Anker für die Problem-Physiologie, damit B „weiß", wovon der Therapeut spricht). B fängt dadurch in der Problem-Physiologie an, über diese Frage nachzudenken, bekommt sie dann noch einmal gestellt, damit er nicht während des ganzen Nachdenkens in dieser Physiologie bleibt. Sofort, wenn ihm einfällt, wie er sich lieber verhalten können möchte, und noch bevor die verbale Antwort kommt, wechselt B in die Ressource-Physiologie dieses Einfalles hinein. Genau in diesem Moment etabliert der Therapeut einen Anker für diese Physiologie (vielleicht, wie es der Autor gerne tut, einen auditiven, wie etwa ein in Häufigkeit und Lautstärke entsprechend der Intensitätszunahme der Ressourcen-Physiologie zunehmendes Schnalzen mit der Zunge oder den Fingern — leise genug, um vom Paar nicht bewußt wahrgenommen zu werden, aber laut genug, um unbewußt als Anker zu wirken).

Mischt sich der Therapeut dann später ein, wenn das Paar wieder interagiert und der „natürliche" Zeigefinger-Physiologie-Anker von A wieder kommt, indem er mit seinem auditiven Anker für die Ressourcen-Physiologie dem sich beginnenden Aufbau der Problem-Physiologie entgegensteuert, so kommt es auch hier zu einer sichtbaren körperlichen Integration beider Physiologien bei B.

Der Test, ob die Intervention erfolgreich war, ist dann, ob B in der folgenden Interaktion des Paares auf die Zeigefingergeste von A mit einer anderen Physiologie reagieren kann. Meist ist das Verhalten, das aus dieser anderen Physiologie heraus entsteht, so anders als das vorher, daß A sich auch sehr anders verhält und die Zeigefingergeste gar nicht mehr benutzt.

Diese auf Virginia Satir zurückgehende NLP-Technik (reanchoring couples genannt) kann der Paartherapeut einsetzen, ohne daß B und A die Anker bewußt bemerken. Befragt man das Paar später, antwortet B vielleicht, er hätte gerade im richtigen Moment die richtige Idee gehabt, „das käme ja manchmal vor".

Für einen geübten NLP-Praktiker gibt es mit seinen Klienten sehr viele Gelegenheiten für solche Integrationsarbeiten „am Rande". Vom Prinzip her sind sie nichts anders als der meist unbewußte Liebesdienst, den ein Freund einem anderen erweist, wenn er einfach „weiß", mit welchen kleinen Anspielungen er ihn aufheitern kann. Das sind dann vielleicht verbale Anker, wie zum Beispiel ein beziehungsreiches Wort aus der Pointe eines einmal herzhaft zusammen belachten Witzes oder eine Anspielung durch eine Geste, die zu diesem Witz gehört (visueller Anker).

In einer anderen Version dieser Technik zum Beispiel kann der Therapeut dem Klienten helfen, mit Hilfe zweier Anker zwei dissoziierte Zustände zusammenzubringen, wie etwa die Zustände „angetrunken" und „nüchtern" oder „Brille auf" und „Brille ab". Diese Integration ist für die erfolgreiche Behandlung von Symptomen wie Alkoholmißbrauch, Kurzsichtigkeit, etc. eine wichtige Voraussetzung. Sie ist aber auch für sich genommen für den Betreffenden ein hochinteressantes Erlebnis wegen des Trancezustandes, der während der Integration meist spontan entsteht und den der Therapeut mit weitgehend inhaltsfreien Prozeßinstruktionen begleitet, wie etwa:

„Und während Sie weiterhin innerlich das erleben, was Ihr Unbewußtes Ihrem Bewußtsein gerade an Amüsantem, Lehrreichem oder auf jeden Fall Interessantem zur

Verfügung stellt (schließlich ist ja die körperliche Seite
dieses Erlebnisses bei dissoziierten Physiologien auf jeden
Fall intensiv), können Sie sich vergegenwärtigen, welche
Fähigkeiten in dem, was sie jetzt erleben, deutlich wer-
den, bzw. welcher Zugang zu welchen Fähigkeiten im
Moment möglich ist . . ."

Je dissoziierter die Physiologien waren, desto intensiver ist das Integrationserlebnis für den Klienten und
desto mehr neue Fähigkeiten werden ihm in diesem
Erlebnis zugänglich. Notwendig ist diese Integration
dissoziierter Physiologien für das 6-Step-Reframing
(s. Kap. 5.4).

3. Traumata und Phobien auflösen

Ein Mensch, der an einer Phobie oder an den Folgen
einer Traumatisierung leidet, ist in den Momenten, in
denen er von der überwältigenden, körperlichen Reaktion durchgeschüttelt wird, von nahezu allen seinen
ihm sonst verfügbaren Fähigkeiten dissoziiert.

In solchen Momenten befindet sich der Betroffene
in einer Situation, in der sicht-, hör- oder fühlbare
Ähnlichkeiten mit der ursprünglich traumatisierenden
Erfahrung immer wieder erneut die gleiche Streßreaktion auslösen.

Mit Hilfe der Phobie-Technik, auch V/K-Dissozia-
tion genannt, kann der Therapeut dem Klienten helfen, seine inneren Verarbeitungsprozesse dahingehend
zu ändern, daß er nicht jedesmal angesichts der situa-
tiven Auslöser die Entstehungsgeschichte der Phobie

oder Traumatisierung in der vollen Intensität wiederholen muß, sondern vollen Zugang zu allen seinen Fähigkeiten behalten kann.

In der bekanntesten, der Standardversion dieser Technik sorgt der Therapeut dafür, daß der Klient die betreffende Szene von außen sehen kann, ganz so, als wenn er einen Film sieht, in dem er selbst als Hauptdarsteller noch einmal die Ursprungssituation durchlebt. Dieses jüngere Selbst des Klienten soll nach den Instruktionen des Therapeuten in diesem inneren Film noch einmal diese schwierige Situation durchleben, nämlich

> „ . . . für Sie, der Sie hier in dieser sicheren räumlichen und zeitlichen Entfernung zusehen dürfen, damit Sie hier als Erwachsener etwas Bestimmtes neu wahrnehmen und lernen können, während Sie genau studieren, was er dort (der Therapeut spricht dorthin, wohin der Klient im Trancezustand im Raume das jüngere Selbst halluziniert) ein letztes Mal für Sie diese Situation durchlebt, damit Sie etwas ganz Wichtiges daraus lernen können . . . jetzt . . .“

Diese Anweisungen gibt der Therapeut dem Klienten, nachdem dieser, manchmal nach einem kleinen Training, gelernt hat, innerlich sich selbst dabei zuzusehen, wie er sich selbst zusieht (doppelte V/K-Dissoziation). Das kann man sich so vorstellen, als sehe er sich selbst aus der Vorführkammer eines Kinos im Zuschauerraum sitzend einen Film ansehend, der sein jüngeres Selbst in der traumatischen Situation zeigt.

Von einer V/K-Dissoziation (so heißt die Phobietechnik auch) spricht man, wenn man sich selbst quasi von außen — dissoziiert — sieht (V) und dadurch nicht das fühlt (K), was man "sich selbst dort" erleben sieht. Man hat also keinen Zugang zu der Fähigkeit zu fühlen: Die vorher durch die überwältigenden Gefühle verhinderte notwendige kognitive und emotionale Verarbeitung des Traumas wird jetzt möglich.

Aus dieser Perspektive wird der Klient auch tatsächlich entweder für seine innere Verarbeitung des damaligen Geschehens interessante größere Zusammenhänge neu sehen, in die es eingebettet war, oder aufschlußreiche Details des Ablaufes neu entdecken und dadurch zu einer Neubewertung kommen, die eine Integration des Erlebten ermöglicht.

Hat der Klient dann den ganzen Ablauf der Originalszene der Phobie (ob sie sich damals wirklich so abgespielt hatte, ist für den Erfolg dieser „Phobie-Kur" unerheblich) oder des traumatisierenden Ablaufes angesehen und studiert, gibt ihm der Therapeut eine Hilfestellung, wieder in seinen Körper zurückzukommen und im nächsten Schritt sein jüngeres Selbst zu trösten, das er innerlich vor sich stehend sieht und das „gerade eine ziemlich schwere Zeit hinter sich hat". Er soll es „wieder in einen guten Zustand bringen, in den besten, der möglich ist, gemessen an dem, was es gerade dort erlebt hat".

An dieser Formulierung wird deutlich, daß es dem Therapeuten möglich ist, den Klienten durch diesen Prozeß zu begleiten, ohne daß er inhaltlich wissen muß, in Bezug auf was der Klient phobisch war. Auch braucht er nicht zu wissen, welche Szene seiner Vergangenheit der Klient innerlich ausgesucht hat, als er ihm die Instruktion gab, innerlich Bilder aufkommen zu lassen, „die irgendwie damit zu tun haben, wie Sie gelernt haben, in dieser Weise phobisch zu reagieren". Der Therapeut hat mit Hilfe eines Ankers für die phobische Physiologie dafür gesorgt, daß dem Klienten eine Szene vor dem geistigen Auge erscheint, die alle für eine intensive phobische Reaktion notwendigen Auslöser enthält und die der Klient dann in der doppelten Dissoziation als Film über sein jüngeres Selbst studiert.

Nachdem der Klient sein jüngeres Selbst getröstet hat und der Therapeut sich durch genaue Beobachtung der Physiologie des Klienten davon überzeugt hat, daß das tatsächlich und vollständig geschehen ist, gibt der Therapeut dem Klienten Instruktionen, das jüngere Selbst wieder in sich aufzunehmen.

Wenn das innerlich wahrgenommene jüngere Selbst des Klienten noch unter Streß ist oder der Klient das jüngere Selbst in seinem Sosein noch nicht ganz akzeptieren oder lieben kann, erkennt der Therapeut das an der Physiologie des Klienten und gibt diesem zusätzliche Hilfestellungen, bevor der Klient das jüngere Selbst dann wieder in sich aufnimmt als „Teil von sich selbst mit sehr viel, jetzt befreiter Energie".

Diese Hilfestellung besteht zum Teil darin, daß der Therapeut dem Klienten hilft, die Seiten seiner Person anzunehmen, die dieser an seinem jüngeren Selbst als störend oder abstoßend wahrnimmt. Meist hängen solche Schwierigkeiten, das jüngere Selbst anzunehmen, mit einer dann noch extra zu behandelnden Symptomatik des Klienten zusammen. Z. B. konnte eine Klientin einmal das zwölfjährige jüngere Selbst nicht richtig trösten, weil sie Schwierigkeiten damit hatte, daß die Zwölfjährige sich in dieser Phase des inneren Tröstens ins Bett verkrochen hat und da noch lag. Es stellte sich dann heraus, daß sie Schwierigkeiten hatte, die innerlich erlebte Zwölfjährige anzunehmen, weil sie als Erwachsene auch oft depressiv im Bett lag — und sich dafür haßte. Nach einem 6-Step-Reframing mit ihrer Depression konnte sie die Kleine dann vollständig trösten und wieder in sich aufnehmen.

Diese Standardversion der Phobie-Technik arbeitet in der Umgestaltung des inneren Verarbeitungsprozesses hauptsächlich mit den Submodalitäten „assoziierte/dissoziierte Bilder", „Perspektive", „Größe des Bildausschnitts", „Farbe/Schwarz-Weiß".

In der vor einigen Jahren von Richard Bandler vorgeschlagenen Kurzform der Phobie-Technik kommt als interessante Submodalitätsveränderung „vorwärts/rückwärts Erleben" hinzu: Nachdem der Klient auch die phobische Situation doppelt dissoziiert und als Schwarzweiß-Film angeschaut hat, soll er den Film beim letzten Bild anhalten, in dieses Standbild, sozusagen in sich selbst hinein, springen und in dem Moment, wo er ganz in der entsprechenden Wirklichkeit drinnen ist (also alles um sich herum sieht und hört und fühlt etc.), soll er die ganze Szene rückwärts farbig erleben und „auf der anderen Seite des Erlebnisses wieder herauskommen, genau da, wo die Welt noch in Ordnung" ist (also vor dem traumatisierenden Ereignis).

Während diese Kurzform der Phobiekur den Vorteil hat, nur wenig Zeit in Anspruch zu nehmen, hat die Standardversion den Vorteil, gleichzeitig eine Metapher zu sein, ein lehrreicher Prozeß, in dem der Klient lernt, mit sich selbst konstruktiv und liebevoll umzugehen und sich mit weniger geliebten Seiten von sich selbst zu versöhnen, sie zu integrieren und zu verändern.

4. Versöhnung nach innen und nach außen

Zu einem wesentlichen Teil besteht jede erfolgreiche Psychotherapie aus Versöhnungsarbeit, was nicht blind verzeihen heißt, sondern eher, im Sinne der Arbeit von Virginia Satir, sehend vergeben.

Wie wichtig das „sehend" ist, wird in ihrer Familienrekonstruktionsarbeit deutlich, die Bandler und Grinder in der Formalisierung der NLP-Interventionsmuster enorm beeinflußt hat.

Virginia ließ ihren Klienten Rollenspieler aussuchen, einen Stellvertreter für sich selbst und so viele weitere, wie Personen in seiner Ursprungsfamilie waren — meist wurden auch die Ursprungsfamilien der Eltern noch mit hinzugenommen. Nach einigen Instruktionen durch den Klienten und durch Virginia spielt die Rollenspielfamilie wesentliche Interaktionsstrukturen der Originalfamilie erstaunlich genau nach — manchmal treten sogar die gleichen körperlichen Symptome auf. Virginias Klient sieht sich dieses Spiel von außen an, mit offenen Augen versunken in einen Trancezustand, manchmal sehend und wissend nickend.

Dann ließ Virginia ihn mit den für das Problem des Klienten wichtigen Figuren der Ursprungsfamilie reden, z. B. mit dem „Vater" (Rollenspieler), und Fragen stellen wie z. B. „Warum hast Du mich immer geschlagen". Vorbereitet durch das neue Verständnis von Zusammenhängen in der Familie während des Zusehens vorher, sowie durch die Mitteilungen der anderen Rollenspieler über ihre Erlebnisse in den jeweiligen Rollen, kann der Klient beim Hören der Antwort innerlich einen wesentlichen Verständnisschritt machen: Er kann die Absicht des Vaters getrennt von dessen Verhalten wahrnehmen.

Eine ähnliche Veränderung der Wahrnehmung ist die Grundlage der NLP-Reframing-Techniken: Der Wahrnehmungsrahmen für ein störendes, abgelehntes — hier: eigenes — Verhalten oder Erlebnis wird so verändert, daß es in seinem größeren systemischen Zusammenhang gesehen werden kann, d. h. mit dem störenden Verhalten wird ein Reframing (Neu-/Wieder-Rahmung) gemacht. Der größere Zusammenhang ist im Falle der Familienrekonstruktionsarbeit die Einbettung des abgelehnten Verhaltens in die Dynamik des Gesamtsystems der Herkunftsfamilie(n) und im Falle der NLP-Technik 6-Step-Reframing das eigene Lebensganze, in das sich das abgelehnte eigene Problemverhalten sinnvoll einfügt.

a) Das 6-Step-Reframing

Oft kommt ein Klient in einer Bewußt-Unbewußt-Dissoziation in die Therapie, die er mit Hilfe des Therapeuten in folgende Aussage bringen kann: „Es gibt ein Phänomen (Symptom) X, das immer auftritt, obwohl ich es vom Bewußtsein her nicht will." Das X kann dabei ein Verhalten sein wie Nägelbeißen oder das Sich-Kratzen der Neurodermitis oder auch ein Zustand wie Depression.

Manchmal wird der Therapeut für sein Wahrnehmungstraining auf eine solche „inhaltsfreie Problemdefinition" hinarbeiten und den Klienten bitten, ihm nicht zu sagen, was das X ist. In der Ausbildung lernt er es, ohne Inhalt zu arbeiten, wobei das Symptom dann einfach X genannt wird. Das hat den Vorteil, daß der Therapeut lernt, sich weniger mit seinen Phantasien in Bezug auf das Symptom zu befassen, und dadurch den Blick frei hat für die Physiologien des Klienten.

Das 6-Step-Reframing heißt so, weil Bandler und Grinder diesen Prozeß ursprünglich in sechs Schritte aufteilten. Ich werde ihn hier in einen Vorschritt und zwei Hauptphasen unterteilen.

Zunächst wird der Therapeut mit Hilfe von zwei Ankern die das Symptom begleitende Physiologie mit derjenigen integrieren, die der Klient als von seiner Gesamtbefindlichkeit her am unterschiedlichsten zu der des Symptomes einschätzt (z. B. depressiv und manisch oder alkoholisiert und nüchtern, etc.)

Dieser Schritt ist notwendig, damit der Klient innerlich zu dem Teil von sich selbst Kontakt bekommen kann, der für das Problemverhalten zuständig ist — im Falle der Neurodermitis also zu demjenigen Teil auf der unbewußten Ebene, der den Klienten sich kratzen ließ, obwohl er es vom Bewußtsein her nicht wollte. (Der Therapeut induziert nicht das Kratzen, sondern den Zustand, aus dem heraus der Klient normalerweise kratzte.)

Betrachtet man bei diesem Schritt mehr die Beziehungsebene zwischen Therapeut und Klient, so kann man auch sagen, daß der Therapeut den Klienten dazu „verführt", seine Problemseite zu zeigen (technisch: der Therapeut induziert die entsprechende Physiologie). Damit zeigt er unmißverständlich, nicht mit Worten, sondern in seinem ganzen Verhalten, daß er den Klienten auch in seinem Problemverhalten annimmt, daß also auch „diese Seite" von ihm in der Behandlungssituation willkommen ist.

Täte der Therapeut das nicht, weil er etwa die Problemseite des Klienten ablehnt oder eklig findet, könnte er den Klienten niemals dahin führen, sich selbst in seinem Problemverhalten anzunehmen: Nämlich die Funktion im

Lebensganzen zu erkennen, die dieses Verhalten erfüllt, und nicht nur seine meist unangenehmen, manchmal sogar tödlichen Nebenwirkungen.

Dieses Ziel erreicht der Therapeut im 6-Step-Reframing, nachdem die eben dargestellte Integration stattgefunden hat, in zwei Phasen:

1. Phase: Welche Erklärungsmodelle auch immer der Klient vorher für die Tatsache benutzte, daß er unbewußt was anderes tat, als er es vom Bewußtsein her wollte, jetzt vermittelt der Therapeut dem Klienten einen Wahrnehmungsrahmen für sein Symptom X, demzufolge X von einem Teil von ihm auf der Unbewußten Ebene gesteuert und eingesetzt wird und demzufolge dieser Teil

● mächtiger als sein Bewußtsein ist, sowie
● enorm zuverlässig (er hat es noch nie vergessen, den Klient x-en zu lassen)
und

● klug, da er die Auslöser für das X kennt (im Gegensatz zum Bewußtsein meist), und außerdem
● klug, da er weiß, was es ist, was er dem Klienten in welchem der Bereiche seines Lebensganzen mit dem X ermöglicht bzw. wovor er ihn mit Hilfe des X schützt (Trennung von Verhalten und Absicht).

Dieses sind die Grundzüge des neuen Erklärungsmodelles, das der Therapeut dem Klienten als Wahrnehmungsrahmen für sein X anbietet. Dieser Wahrnehmungsrahmen wird in einer solchen Weise speziell auf ihn zugeschnitten, daß er ihn als zumindest genauso sinnvoll annehmen kann wie sein vorheriges Erklärungsmodell. Der Therapeut ist dabei sehr flexibel und wählt die für die Vermittlung dieser Grundideen notwendigen Erklärungen, Bezeichnungen und Analogien entsprechend dem lebensgeschichtlichen und Bildungshintergrund des Klienten aus.

Das Ziel dieser Ideenvermittlung ist ein physiologisches. Die durch diesen Wahrnehmungsrahmen möglich werdende Versöhnung des Klienten mit sich selbst als einem x-enden Menschen zeigt sich in seiner Physiologie: Seine Haltung wird symmetrisch, sein ganzer Körper und seine Schultern entspannen sich, das Gesicht wird durchbluteter, und oft kommen ihm Tränen der Rührung oder der Erleichterung. Ich nenne diesen Wechsel von dem sympathikus-aktivierten in den parasympathikus-aktivierten Zustand die Versöhnungs-Physiologie. Sie ist die unabdingbare Grundlage für wirkliche Veränderungen (Lösungen höherer Ordnung), im Gegensatz zu den erfolglosen Lösungsversuchen des Klienten, der vorher alle Kräfte im Kampf mit sich selbst verbraucht hatte.

Beim Erarbeiten dieser Wirklichkeitsauffassung mit dem Klienten zusammen behält der Therapeut immer das Wissen im Hinterkopf, daß es sich ohnehin nur um Metaphern handelt und nicht um *die* seelische Wirklichkeit des Klienten. Diese Metaphern sollen dem Klienten Versöhnungserlebnisse mit sich selbst möglich machen — so häufig wie möglich! Sie sind das Wichtigste am Reframingprozeß.

Therapeut und Klient erarbeiten sich in der Ausgestaltung dieser Metapher vom Unbewußten Teil eine gemeinsame Sprache, in der sie über diese Grundideen reden können. Bei aller Besonderheit für den speziellen Klienten und die spezielle Therapiesituation besagen sie im wesentlichen, daß unbewußte Teile das Beste tun, was sie können, um die wichtige Aufgabe im Leben des Klienten zu erfüllen, für die sie die Verantwortung haben. Damit klingt an, warum man dieses Vorgehen auch „innere Familientherapie" nennen kann.

Wenn der Klient dann diese Auffassung in Bezug auf das eigene „Innenleben" akzeptiert, vor allem auch die, nach der der Teil, der für X zuständig ist, mit dem X eine positive Absicht verfolgt, ist er gut vorbereitet für die zweite Phase des 6-Step-Reframing-Prozesses, denn damit hat er sich mit sich selbst als x-enden Menschen versöhnt. Auch wenn nur insoweit, als daß er diesem Teil soviel „Vorschußvertrauen" entgegenbringt, „daß das mit der guten Absicht wohl stimmt" — und dabei eine deutliche Versöhnungs-Physiologie zeigt — auch wenn diese gute Absicht für sein Bewußtsein noch nicht so recht erkennbar und benennbar ist.

Das Versöhnungserlebnis betrifft hauptsächlich die problematischen Seiten der eigenen Person, aber indirekt auch wichtige gegenwärtige und frühere Bezugspersonen des Klienten. Diese zweite Bedeutungsebene wird dem Klienten oft erst nach dem Eintreten der Veränderung klar.

2. Phase: Jetzt unterstützt der Therapeut den Klienten darin, seine Aufmerksamkeit nach innen zu richten. Er hilft ihm, Selbsttrancezustände zu nutzen, um innerlich neue Wege vorzubereiten, wie in seinem Leben die positive Funktion des X erfüllt werden kann — ohne daß das X (das Symptomverhalten) selbst eingesetzt werden muß. Der Therapeut fordert ihn auf, nach innen zu gehen und dafür zu sorgen, daß er die

folgende Frage an den Teil seines Unbewußten richtet, der immer das X eingesetzt hat: „Bist Du bereit, mit mir im Bewußtsein zu kommunizieren?" Danach hätte er vom Bewußtsein her Sendepause und bräuchte sich nur noch überraschen zu lassen, „ob der Teil mit einem Bild kommunizieren wird, das er vor das innere Auge schickt, oder mit einem Gehörphänomen, das er vor das innere Ohr schickt, oder mit einem Körpergefühl oder mit einer Geschmacks- oder Geruchsempfindung."

Mit diesen Instruktionen und zusätzlich mit geeigneten Ankern für Trancezustände und mit einem sehr präzisen Sprachgebrauch unterstützt der Therapeut das „Nach-innen-Gehen" des Klienten — die Selbsttrance.

Antwortet der Teil innerlich mit einem Bild, einem Gehörseindruck, einem Gefühl, Geruch oder Geschmack (V-, A-, K- oder O-Erlebnis), überprüft der Therapeut und stellt sicher, daß die Antwort etwas ist, das der Klient als nicht vom normalen Bewußtsein erzeugt anerkennt.

Wenn man diesen Prozeß noch nicht erlebt hat, kann man sich diese „Geschenke des Unbewußten", die der Klient in den Selbsttranceepisoden des 6-Step-Reframing erhält, vielleicht wie ein V-, A-, K-, oder O-Erlebnis vorstellen, mit dem man morgens aufwacht, als intensiv erlebten und manchmal das normale bewußte Denken sehr überraschenden Hinweis darauf, daß man bewegend geträumt hat.

Die nächste Selbsttrance wird genutzt, um ein Ja-Nein-Signal zu etablieren, mit dessen Hilfe der Klient in den dann folgenden Nach-innen-Geh-Trancen diesem Teil weitere Fragen stellen kann. Diese Fragen kann der Teil mit seinem Ja/Nein-Signal beantworten, z. B. „Gehe ich recht in der Annahme, daß Deine positive Funktion und gute Absicht etwas mit . . . zu tun hat?"

Der Therapeut ist jetzt zum Berater geworden für das Bewußtsein des Klienten in Bezug auf die Fragen, die dieser an seinen unbewußten Teil richten kann, will und — nach der Struktur des 6-Step-Reframing — soll.

Elegant an diesem Vorgehen ist, daß es einerseits eine präzise therapeutische Trancearbeit ist, bei größter Freiheit des Klienten, die Trancen inhaltlich zu nutzen, andererseits aber ohne die Bezeichnung Trance oder gar Hypnose auskommt und so unnötige Widerstände des Klienten vermeidet.

In dieser Phase des 6-Step-Reframing wird es dem Klienten entweder bewußt, welche positive Funktion das X in seinem Leben gehabt hat, oder nicht — je nach psychischer und sozialer Gesamtsituation.

Wird ihm die positive Funktion des X bewußt, hilft ihm der Therapeut, Ideen zu enwickeln, was er in seinem Leben neu tun oder lernen kann, um das X so zu ersetzen, daß dessen positive Funktion ohne das Symptom erfüllt werden kann.

Wird dem Klienten die Absicht des Teiles nicht bewußt („. . . weil das Unbewußte immer das Bewußtsein vor zu viel Information im falschen Moment schützt"), hilft der Therapeut dem Klienten, den Selbsttrancezustand der nachfolgenden „Nach-innen-Geh"-Phase so zu nutzen, daß er auf unbewußter Ebene Ideen finden kann, wie er die positive Funktion des X mit anderen Verhaltensweisen und Zuständen erfüllen kann.

Das kann man sich wiederum wie einen Traum vorstellen, in dem der Klient etwas träumt, was er dann hinterher nicht mehr weiß. Das einzige, was er weiß, wenn er aus dem Trancezustand wieder zurückkommt, ist, daß er mit Hilfe des anfangs etablierten Signales jeweils im Bewußtsein darüber informiert wurde, wenn eine von den oft sehr vielen Ideen produziert wurde, wie das X ersetzt werden kann. D. h., der Klient weiß nach dem Trancezustand nur noch die Tatsache, daß Ideen gefunden sind, nicht aber den Inhalt dieser Ideen. Er ist also dann in der interessanten Position, zu wissen, daß er in seinem Leben etwas neu tun wird, aber nicht, was es sein wird — zumindest nicht bevor er dieses neue Verhalten nicht tatsächlich zeigt. Er kann sich von sich selbst überraschen lassen.

Dabei besteht die Aufgabe des Therapeuten darin, mit kreativen Ideen, Flexibilität im Verhalten und geeigneten Ankern dafür zu sorgen, daß in diesem Trancezustand des Nach-innen-Gehens „der kreative Teil des Unbewußten mit von der Partie ist". Um das sicherzustellen, bringt er den Klienten in diejenige Physiologie hinein, die dieser sonst in den kreativsten Momenten seines Lebens zeigt.

b) Reframing in Trance

Aus Platzgründen kann hier nur darauf hingewiesen werden, daß es im NLP eine ganze Reihe von Veränderungstechniken gibt, bei denen der Klient sich in einer therapeutischen Trance befindet, z. B. das Tieftrancereframing. Hier hypnotisiert der Therapeut den Klienten, richtet Signale mit dessen Unbewußten ein (z. B. ein Zeigefinger hebt sich für Ja, einer für Nein), schickt das Bewußtsein des Klienten „in den Urlaub" und gibt die Instruktionen direkt an das Unbewußte. In seiner Logik gleicht das Tieftrancereframing dem 6-Step-Reframing.

c) Das Verhandlungsmodell des Reframing

Eine weitere NLP-Reframing-Technik ist das sog. Verhandlungsmodell. Auch hier bekommt ein Symptom in der Wahrnehmung des Klienten einen neuen Rahmen, zum Beispiel das Symptom Schlafstörung. Im Verhandlungsmodell ist die Grundlogik nicht die des 6-Step-Modells, derzufolge es einen Teil gibt, der zwar eine positive Funktion, aber unzureichendes Verhalten hat, sie umzusetzen, sondern die, daß es zwei Teile gibt, die sowohl über positive Absichten, als auch über sinnvolle Verhaltensweisen für ihre Umsetzung verfügen, deren Problem es aber ist, daß sie sich gegenseitig stören.

Bei der Schlafstörung gibt es vielleicht einen Teil, der über alle notwendigen bewußten und unbewußten Schritte verfügt, den Betreffenden einschlafen zu lassen, der aber mitten in seiner Tätigkeit von einem anderen Teil gestört wird, dessen Spezialbegabung und -aufgabe im Leben des Klienten es vielleicht ist, die für die geistigen Tätigkeiten „Nachdenken", „Planen" und „Abwägen" notwendigen bewußten und unbewußten Verhaltenselemente zu strukturieren.

Diese Beschreibung der Funktionen beider Teile würde der betreffende Klient selbst wahrscheinlich erst geben, nachdem das für jedes Reframing zentrale Phänomen der Versöhnung mit einem Teil oder Anteil der eigenen Person stattgefunden hat. In diesem Beispiel einer Schlafstörung hätte der Klient die Tätigkeit dieses Teiles *vor* dem Versöhnungserlebnis wohl eher mit Worten wie „immer diese verdammte Grübelei" bedacht, denn er kannte ihn ja nur „verpackt" in dem Erlebnis der Störung.

Ob sich die Symptomatik des Klienten in dieser logischen Grundstruktur ausdrücken läßt oder nicht, zeigt der Versuch, das Verhandlungsmodell auf sie anzuwenden. Wenn die innere Dynamik der Symptomatik nicht zu der Metaphorik von „sich gegenseitig störenden Teilen" paßt, gibt es von diesem Vorgehen aus eine Übergangsmöglichkeit in das 6-Step-Reframing.

Das Verhandlungsmodell ähnelt dem 6-Step-Reframing insofern, als daß in beiden Vorgehensweisen der Klient immer wieder angeleitet wird, „nach innen" zu gehen, wobei der Therapeut mit Hilfe geeigneter Instruktionen, Prozeßinstruktionen und Anker hilft, die diese Nach-innen-Gehen begleitenden Selbsttrancezustände zu vertiefen. Auch in Bezug auf die Weise, in der der Klient mit dem Therapeuten zusammen die Metapher „Sich störende Teile" ausgestaltet, kann man wieder von einer „inneren Familientherapie" sprechen — ähnlich wie im 6-Step-Reframing kann es z. B. Teambildungen und Koalitionen von Teilen, einwanderhebende Teile, Sprecher für mehrere Teile, etc. geben.

Das den Therapeuten leitende Motto ist bei allen NLP-Reframing-Techniken gleich: Auch wenn sowohl Therapeut als auch Klient die Logik, die Konzepte und Metaphern für die Struktur „Bewußtsein —

unbewußte Teile" (auch die einer Familie oder einer Organisation) theoretisch und vom Erleben her absolut überzeugend finden, sie sind und bleiben den Prozeßmerkmalen dieses Vorgehens absolut untergeordnet. Diese sind: Vertiefung des Trancezustandes bei jedem Mal „Nach-innen-Gehen", die Erhöhung von Häufigkeit und Intensität der Versöhnungs-Physiologie und die Zunahme der Körpersymmetrie in den Selbsttrancephasen und vor allem beim jeweiligen Zurückkommen aus der Trance. Diese Prozeßmerkmale leiten die Aktionen des Therapeuten mehr als die Logik der von ihm vermittelten Ideen. (Weitere technische Details zum Reframing finden sich in meinem Buch „Triffst Du 'nen Frosch unterwegs . . . NLP für die Praxis".)

Der Prozeß des Reframing kann auch sehr beiläufig stattfinden — ein erfahrener NLP-Therapeut kann es schon beinahe nicht mehr nicht tun! Wenn Richard Bandler z. B. in der Arbeit mit Klienten Strategien und Submodalitäten erforscht (um sie zu verändern), leitet er das genaue Nachfragen oft ein mit „Stellen Sie sich vor, Sie hätten einen Tag frei, dieses . . . (was immer das Symptom ist: ein Angstanfall, eine unangenehme bis unschädliche Angewohnheit oder eine Zwangshandlung) tun zu müssen, und ich müßte für Sie einspringen. Was, und in welcher Reihenfolge, müßte ich innerlich tun, um diese Fähigkeit auch haben zu können?"

Wenn der Klient vorher nie darüber nachgedacht hat, inwiefern sein Symptom eine Fähigkeit ist oder etwas, was (auch!) sinnvoll ist, zu haben, so tut er es bestimmt nach dieser Frage. Das der Klient daraufhin seinen Wahrnehmungsrahmen für sein Symptom wechselt, sieht man an der ersten nonverbalen Reaktion auf diese Frage: der

Versöhnungs-Physiologie, verbunden mit einem nicht zu übersehenden Anschwellen seiner Brust.

5. Die Balance verbessern

Bei der Darstellung des 6-Step-Reframing und des Verhandlungsmodells des Reframings ging es indirekt schon um das Thema dieses Abschnittes, die Verbesserung der Balance — hier der Balance zwischen einer bewußtseinsorientiert-kontrollierenden und einer annehmenden Haltung des Klienten, in der es mehr darum geht, sich der Führung des eigenen Unbewußten überlassen zu können, bzw. auch darum, Geschenke annehmen zu können.

Ist ein Klient sehr deutlich in die eine oder die andere Richtung überspezialisiert, so wird der NLP-Praktiker, wenn er Reframingformen benutzt, eher den jeweils „unterentwickelten" Pol stärken. D. h., er wird, wenn der Klient sich eher kindhaft-führungssuchend, bzw. zu sehr „easy-going-with-the-flow" — „alles-kommt,-wie-es-kommt"-mäßig zeigt, versuchen, darauf hinzuarbeiten, daß dem Klienten unbewußte Inhalte bewußt werden, um so dessen bewußt-kontrollierende Seite mehr zu fordern. Bei sehr bewußt-kontrollierenden Klienten wird er mehr daraufhin arbeiten, daß die notwendigen Veränderungen in den unbewußten, traumähnlichen Phasen des 6-Step-Reframing stattfinden, so daß der Klient erlernen kann, sich mehr zu überlassen und Geschenke anzunehmen.

Auch im Zusammenhang mit der Zieldefinition ist uns eine Möglichkeit zur Balanceverbesserung begegnet: Im PeneTRANCE-Modell „zwingt" (sanft!) der Therapeut den Klienten, sein Ziel in sprachlich positiven Begriffen zu formulieren. Das ist besonders für Klienten wichtig, die dazu neigen, innerlich ihre Ziele eher im Sinne des Meta-Programm-Musters (s. Kap. 3) „Weg von" als „Hin zu" zu definieren.

Ein weiteres Beispiel für das unbalancierte Zieldenken ergibt sich aus dem Meta-Programm-Muster „Selbst, Andere und Kontext": Es werden nicht alle drei Kategorien berücksichtigt.

Der bekannteste Fall ist jemand, der in der Therapie den Wunsch äußert, sein nicht anwesender Ehepartner soll sich ändern. Derjenige hat viele Denk- und dadurch Verhaltensmöglichkeiten verschenkt, sein Ziel zu erreichen, nämlich alle Ideen, die ihm einfallen würden, wenn er sein Ziel statt in der Kategorie „Andere" in der Kategorie „Selbst" denken würde: „Wenn Du Deinen Partner verändern willst, ist der einfachste Weg dahin, Dich selbst so lange und so weitgehend zu verändern, bis Dein Partner so ist, wie Du ihn möchtest!" ist leicht umformuliert eine der NLP-Grundannahmen. Vielleicht würde er sich dann zugewandter und freundlicher, oder auch abgegrenzter und schroffer verhalten, und so durch Variationen seines eigenen Verhaltens ausprobieren, ob er auf diesem Wege auch eine Chance hat, sein auf seinen Partner bezogenes Ziel zu erreichen.

Auch wenn er denken würde: „Wie wird dann meine oder unsere Umgebung (Kontext) anders sein, wenn mein Partner so ist, wie ich ihn möchte", würde er auf zusätzliche Ideen kommen, sein Ziel zu erreichen — vielleicht würde er ein neues Sofa kaufen und damit die Wahrscheinlichkeit wesentlich erhöhen, daß sein Partner im Gespräch mit ihm zugewandter ist (wenn das sein Ziel war).

Die übrigen möglichen Meta-Programm-Muster-Imbalancen kann sich der Leser leicht selbst erschließen, wenn er die Liste der Meta-Programm-Muster durchgeht (s. Kap. 3).

Bei diesen Arten des aus der Balance-Seins ist es für den Therapeuten ziemlich einfach, dem Klienten zu einer besseren Balance zu verhelfen: Er braucht die jeweilige Imbalance nur anzusprechen und Instruktionen für die Balancierung zu geben, entweder in Form direkter Anweisungen an das Bewußtsein des Klienten, oder in der Form von Prozeßinstruktionen, die er dem Klienten im Trancezustand gibt.

Andere Formen von Hilfestellungen zum „Balancieren" können sich aus den Themen ergeben, die in der Therapie erarbeitet werden. So wird vielleicht die Dissoziation „Berufsdasein" und „Privatdasein", bzw. „Arbeit" und „Freizeit" einmal zum Thema, verbunden mit der Erkenntnis, daß aufgrund einer Ungleichverteilung von Fähigkeiten jeweils einer der Bereiche völlig unterentwickelt ist. Eine solche Imbalance ist sehr häufig, nicht nur bei (uns) professionellen Helfern. Hier muß der Therapeut mit dem Klienten daran arbeiten, daß die Fähigkeiten gleichverteilter sind bzw., daß neue Fähigkeiten gelernt werden, die dann eine Balancierung ermöglichen.

6. Die Entwicklung und Erweiterung der Identität

Nach dem schon kurz vorgestellten Ebenenmodell der Veränderung von Dilts (s. Kap. 3) führen Veränderungen auf der jeweils übergeordneten Ebene zu Veränderungen auf den Ebenen darunter. Danach wird zum Beispiel eine Veränderung in Bezug darauf, was man über sich selbst glaubt (Ebene Identität), zu einer Änderung hinsichtlich der Klassen von Glaubenssätzen über Gott und die Welt führen (Ebene Glauben), die dafür in Frage kommen, sich mit ihnen zu identifizieren. Diese beiden Veränderungen wiederum werden einen Einfluß darauf haben, welche Fähigkeiten gelernt werden und auch, welche einzelnen Verhaltensweisen für die Komposition von Fähigkeiten in Frage kommen.

Interessanterweise gilt diese Beziehung in begrenzterem Umfang auch umgekehrt, sonst würden sich Erlebnisse wie Feuerlaufen nicht verkaufen lassen. Denn hier wird nicht die einzelne Verhaltensweise „Laufen über einen heißen Bodenbelag" verkauft, auch nicht die Fähigkeit, die physische Beschaffenheit der Fußsohlen bzw. deren Wahrnehmung zu verändern, sondern „Wenn ich das mache, dann *bin* ich jemand, der vor nichts mehr Angst hat". Dieses Prinzip der Veränderung von unten nach oben hat sich Milton H. Erickson zunutze gemacht, wenn er seinen Klienten Aufgaben stellte, deren Ausführung das Meistern eines speziellen einzelnen Verhaltens oder einer bestimmten Fähigkeit voraussetzten. Hat der Klient sie dann gemeistert, hat er auch einen bedeutsamen Wechsel auf den höheren Ebenen vollzogen.

„Wenn ich nicht mehr rauche, dann *bin* ich der, der ich schon immer sein wollte!" Bei diesem Therapieziel könnte ein bestimmtes Verhalten ebenfalls ein Symbol für eine Veränderung auf der Ebene der Identität sein. Wenn er benennen könnte, welches es ist (keine wohlgeformte Zieldefinition!), gäbe es möglicherweise eine Chance für diesen Klienten, über einen entsprechenden Lernschritt auf der Ebene des Verhaltens oder der Fähigkeit eine Veränderung im Identitäts- und Selbsterleben zu erreichen. Der Therapeut kann entweder dem Klienten mit dem

PeneTRANCE-Modell helfen, den notwendigen Lernschritt zu bestimmen, oder er findet heraus, welcher Glaubenssatz auf der Ebene der Identität den Klient gegenwärtig hindert, zu sein, wie er sein möchte.

Eine Veränderung auf der Ebene der Identität wird meistens nicht direkt vom Klienten als Therapieziel definiert, sondern eher indirekt, wie im Beispiel eben. Meistens wird der Therapeut sie als Ziel vorschlagen, wenn er in der Sitzung hinderliche Glaubenssätze auf der Identitätsebene heraushört.

Jeder Glaubenssatz, den jemand äußert, gleich über welches Thema, läßt sich in einen Glaubenssatz über die eigene Identität überführen — den man einen Kernglaubenssatz nennen kann. Er bewirkt einen drastischeren Wechsel in der Physiologie desjenigen, der ihn äußert, verglichen mit der Physiologie, die derjenige zeigt, wenn er den noch nicht überführten Glaubenssatz auf der Ebene „Glaubenssätze über die Welt" äußert.

Zum Beispiel sagt der Klient „Beziehungen sind das schwierigste, was es gibt". Dann kann der Therapeut etwa fragen: „Wenn Sie sich vergegenwärtigen, daß *Sie* es sind, der das sagt, welche Aussage muß dann über Sie selbst zutreffen, was Sie also für ein Mensch sind, der glaubt, Beziehungen sind . . .?"

Eine solche Frage wird der Therapeut dem Klienten natürlich nur dann stellen, wenn er einen guten Rapport zu ihm hat, und, nachdem er ihn daran erinnert hat, daß die gesuchten Glaubenssätze etwas sind, was nicht als unkommentierte Aussage über die Klienten im Fernsehen weitergegeben wird, sondern eher etwas, „wo man irgendwie weiß, tief drinnen, daß es stimmt, aber wo der Rest der Person oder der Instanzen der Person sagen würde: So ein Quatsch, wie kann man das nur glauben! Es gibt doch genügend Beweise, daß das nicht stimmt! Und trotzdem, irgendwie glaubt man doch, daß es stimmt . . ." So eine oder eine ähnliche Formulierung hilft dem Klienten, mit Aussagen zu experimentieren: Er kann sie sagen und so ausprobieren, ob sie sich richtig anfühlen. Diese Art von Vorbereitung macht es dem Klienten möglich, sich gegebenenfalls auch wieder von ihnen zu distanzieren.

Hinderliche Glaubenssätze (generalisierte einschränkende Aussagen) auf der Identitätsebene werden im NLP meist in einer von zwei Formen Gegenstand einer Veränderungsarbeit, entweder

● in Form von Glaubenssätzen, die früh in traumatischen Prägungserfahrungen erworben wurden, z. B. „Ich bin wertlos", „Ich genüge nicht" oder „Ich habe es nicht verdient, . . .", oder

● in Form von sich widersprechenden Glaubenssätzen über die eigene Identität, wobei es meistens zwei Seiten oder Teil-Identitäten sind, die aufeinander bezogen Aussagen machen wie beispielsweise „Du mit Deiner ewigen Verantwortlichkeit, Du *bist* ein Langweiler!" und die andere vielleicht „Du *bist* ein leichtsinniger Nichtsnutz mit Deinen andauernden oberflächlichen Freuden!"

Ein sicheres Unterscheidungskriterium, welcher der beiden Fälle vorliegt, ist die Symmetrie oder Asymmetrie der Gesten des Klienten, die seine Ausführungen begleiten. Sind sie symmetrisch, bei starker Problem-Physiologie, geht man eher von einer traumatischen Prägungserfahrung aus, sind sie asymmetrisch — quasi abwechselnd, je nach dem, welche „Seite" des Klienten gerade spricht, so liegt sicher eher ein

Konflikt auf der Identitätsebene vor, d. h. es gibt sich widersprechende Glaubenssätze.

a) Reimprinting (Neu-Prägung)

Dieses auf Robert Dilts zurückgehende Verfahren ist eine Kombination und Erweiterung der Techniken „Veränderung der persönlichen Geschichte" und „Phobie-Technik".

Zuerst wird in diesem Vorgehen der einschränkende Glaubenssatz identifiziert. Hat der Therapeut ihn aus einer Äußerung des Klienten „herausgehört", muß er diesen Satz erst einmal in eine Form bringen, die den Klienten am intensivsten körperlich-geistig berührt. Dabei muß der Therapeut manchmal etwas „nachhelfen", da dieser die Beschäftigung mit diesem Glaubenssatz wegen der mit ihm verbundenen unangenehmen Gefühle natürlich am liebsten vermeiden möchte. Das ist aber notwendig, damit der Klient zu derjenigen Verbalisierung kommt, die die intensivste Physiologie mit sich bringt. Der Therapeut braucht deshalb ein sehr „intensives Exemplar der Physiologie des Glaubenssatzes", da er sie benutzen will, um zu der oder den prägenden Szenen zu kommen, in der der Klient die Generalisierung (jeder Glaubenssatz ist eine verallgemeinernde Aussage) gebildet hat. Meistens kommt es durch Finden der richtigen Worte für diesen Satz zu dieser notwendigen Gefühlsintensivierung.

Hier liegt die größte Ähnlichkeit zu den traditionellen, tiefenden Verfahren: Emotional geladene Szenen der Vergangenheit werden wieder vergegenwärtigt. In der NLP-

Glaubensarbeit aber nur so kurz, bis der Therapeut die Physiologie intensiviert, geankert und dann den Klienten dissoziiert hat. Außerdem unterbricht der Therapeut diesen Prozeß immer wieder gezielt, um mit dem Klienten Ressourcen zu organisieren und diese zu ankern. Dazu gehört auch ausgiebig der Humor als „Blanco-Ressource". Diese und alle anderen gefundenen und geankerten Ressourcen benutzt der Therapeut dann, um beim Formulieren des Glaubenssatzes den Klienten zwischendurch immer wieder aus der zunehmend unangenehmer werdenden Physiologie herauszuholen. Diese „Wechselbäder" von Ressource-Physiologie und Problem-Physiologie sind der wesentliche Unterschied zum klassischen Tiefen.

Hat der Klient vollen innerlichen Kontakt zu dem einschränkenden Glaubenssatz und zeigt es auch durch eine intensive Problem-Physiologie (was gleichbedeutend damit ist, daß er innerlich weit in seine Lebensgeschichte zurück- und in eine prägende traumatisierende Erfahrung hineingegangen ist), fragt ihn der Therapeut, wo er innerlich gerade ist und was dort stattfindet. Wenn dem Klienten die Szene gegenwärtig ist, hilft ihm der Therapeut, aus diesem unangenehmen Zustand herauszukommen und gibt entsprechende Hilfestellungen dafür, die Szene und sich selbst in ihr von außen zu sehen. Damit hilft er dem Klienten, sich von den intensiven unangenehmen Gefühlen zu distanzieren (zu dissoziieren).

Wenn der Therapeut herausgefunden hat, wieviele bedeutsame andere Personen noch in der Szene wichtig sind, geht er mit dem Klienten zusammen daran, die Szene zu verändern.

Dazu hilft er dem Klienten zunächst, innerlich in die Szene hineinzugehen, aber nicht zurück in die Position des jüngeren Selbst, sondern quasi von außerhalb der Szene und aus der Zukunft kommend. Eventuell soll der Klient das Geschehen anhalten, damit er zu jeder der beteiligten Personen Kontakt aufnehmen kann, auch zum jüngeren Selbst. Der Therapeut gibt dem Klienten Hilfestellungen, die es ihm ermöglichen, sich die Szene und die Personen so leibhaftig vorzustellen, daß der Klient *innerlich* tatsächlich mit den Personen seiner Vergangenheit reden kann — selbst wenn diese Personen in der Wirklichkeit schon seit langem gestorben sind.

Nachdem der Klient Kontakt zu allen Personen in der Szene aufgenommen hat, soll er für jede und von jeder Person herausfinden, welche Absicht jeweils hinter ihrem speziellen Verhalten in dieser Situation liegt. Über die Auskünfte, die er in dieser innerlichen Auseinandersetzung von den Bezugspersonen seiner Kindheit erhält, ist der Klient oft sehr überrascht. Ähnlich wie in den Reframingprozessen kommt es in diesem Verfahren zu tiefen Einsichten und intensiven Versöhnungserlebnissen.

Als Arbeitsmetapher bietet der Therapeut dem Klienten in der Regel an, er, der Klient, sei ein Regisseur und die Beteiligten der Szene seien Schauspieler, auch sein jüngeres Selbst. Ihre jeweiligen Absichten in der Szene seien, diese im Sinne ihrer Bedürfnisse möglichst gut spielen zu wollen und zwar so, daß genau das auch den anderen Mitspielern möglich ist. Außerdem wäre es ihr Ziel, über die Grundaussage der Szene möglichst gut zu improvisieren, die nämlich in der Behauptung bestünde, daß Menschen in jeder beliebigen Situation in einer solchen konstruktiven Weise miteinander umgehen können, daß jeder seine Bedürfnisse mit den anderen zusammen optimal befriedigen kann.

Innerhalb dieses Rahmens und Verständnisses läßt der Therapeut den Klienten Fähigkeiten benennen, die er selbst, zumal als Erwachsener, im Laufe seines Lebens erworben hat, und die genau diejenigen sind, die den Personen in der Szene fehlen. Dabei achtet der Therapeut natürlich darauf, daß der Klient, wenn dieser an die jeweiligen Fähigkeiten denkt, mit einer entsprechenden Änderung seiner Physiologie zeigt, daß er auch tatsächlich Zugang zu ihnen hat. Nur so kann er sie im nächsten Schritt dieser Trancearbeit (wenn er sie innerlich den Personen der Szene „als Tip, sich zu verhalten" zur Verfügung stellt) für die innere Um- und Neuorganisation dieser Erinnerung nutzen.

Diese soll zum einen dazu führen, daß er den ursprünglich in dieser Szene gebildeten Glaubenssatz auf den heute angemesseneren Stand bringen kann. Zum anderen soll sie auch dazu führen, daß er die entsprechenden Fähigkeiten in seinem realen Leben auch tatsächlich in den Situationen zur Verfügung haben kann, in denen er sich anderen gegenüber selbst so verhalten hat, wie die entsprechende Person in der Szene früher ihm gegenüber: Das Vorgehen des Reimprinting befreit den Klienten von Prägungen, die dazu führen, sich entgegen aller Vorsätze letztlich doch so verhalten zu müssen wie die Personen, unter denen er damals gelitten hat.

Immer, wenn jeweils einer der beteiligten Personen ein vom Klienten vorgeschlagenes neues Verhalten ausprobiert, soll der Klient darauf achten, und eventuell entsprechend nachfragen, ob die übrigen Personen dann noch mindestens so gut wie vorher ihre Bedürfnisse und Absichten umsetzen und ausdrücken können. Ist das bei einer oder mehreren Personen nicht der Fall, brauchen diese wiederum auch neue Fähigkeiten und Verhaltensweisen, mit denen sie jeweils das umsetzen können, was ihnen in der Szene wichtig ist.

Erst wenn alle beteiligten Personen in der Szene konstruktive und für sich selbst und auch für die anderen zufriedenstellende Verhaltensmöglichkeiten zur Verfügung haben, läßt der Therapeut den Klienten die veränderte Szene assoziiert durchleben, d. h. zuerst aus den Wahrnehmungspositionen der anderen und abschließend aus der Wahrnehmungsposition des jüngeren Selbstes.

Während der Klient innerlich die Szene neu durchlebt, achtet der Therapeut darauf, daß er während dessen innerer Arbeit an ihm alle Physiologien der neu in die Szene gebrachten Fähigkeiten sieht.

b) Innere Konflikte lösen

Identitätskonflikte kann man als im Widerspruch stehende Glaubenssysteme auffassen, d. h. als zwei ganze Bündel von Glaubenssätzen, die zusammenhängen und oft von zwei Grund- oder Kernglaubenssätzen ableitbar sind.

Wenn zwei oder mehr gegenwärtig existierende Glaubenssätze zu widersprüchlichem Verhalten führen, befindet sich der Betreffende oft in Situationen, in denen er in einem „double bind" gefangen ist. Macht er das eine, ist es falsch, macht er das andere, ist es auch falsch. Konflikte zweier solcher Identitätsseiten, die manchmal wie zwei eigenständige Identitäten erscheinen, findet man häufig bei Suchtproblemen, aber auch bei Krankheiten wie Krebs und anderen. Sie sind besonders problematisch oder schädlich, wenn die sich widersprechenden Glaubenssätze ein negatives Urteil über die eigene Person beinhalten.

> „Ein Konflikt dieser Art liegt an der Wurzel nahezu aller Probleme, die von Mißtrauen, Haß oder Furcht sich selbst gegenüber gekennzeichnet sind", sagt Robert Dilts. Er hat diese Techniken zur Glaubensarbeit 1982 entwickelt, als er seiner Mutter bei der Überwindung ihres Brustkrebses half. Sie war damals von den Medizinern als inoperabel aufgegeben worden und erfreut sich heute bester Gesundheit.

Die in einer solchen Situation notwendige Veränderungsarbeit besteht in der Konfliktlösung durch eine Integration der zwei Teil-Identitäten.

Wenn sich miteinander im Konflikt stehende Identitätsaussagen des Klienten im therapeutischen Gespräch herauskristallisiert haben und Klient und Therapeut sie als Thema der Sitzung festgelegt haben, läßt der Therapeut den Klienten sie noch einmal formulieren.

> Die Aussage „Einerseits fühle ich mich oft sehr verantwortlich, manchmal sogar überverantwortlich, und andererseits bin ich in meinem Luststreben echt leichtsinnig" kann zu einer solchen Integrationsarbeit führen. Sie stammt von dem Klienten, den wir oben schon kennengelernt haben. Bei „verantwortlich" machte er eine Geste mit der linken Hand und bei „leichtsinnig" eine mit der rechten Hand. Auch zeigte der Klient zwei unterschiedliche Physiologien, je nachdem, mit welcher Seite er im jeweiligen Moment mehr in Kontakt war (welche Seite ihm gerade „näher" war, bzw. mit welcher Seite er gerade mehr identifiziert war).

Oft wird ein Konflikt als ein innerer überhaupt erst erfahrbar, wenn ihm seine äußere Manifestationsmöglichkeit entzogen wird. So hatte dieser Klient zum Beispiel mit seiner Frau einen inhaltlich ganz ähnlichen Konflikt: Sie hatten nämlich seit langem Auseinandersetzungen, in denen es um die gleichen Themen *zwischen* ihnen ging. In diesen Auseinandersetzungen repräsentierte sie — wie er es heute sehen kann — genau die eine Seite seines inneren Konfliktes, mit dem er sich jetzt *in sich selbst* konfrontieren und auseinandersetzen muß. Für die Chance, den Konflikt da zu lösen, wo er lösbar ist, nämlich in ihm selbst, war die oben beschriebene Sitzung zum Thema Ehestreit und Abgrenzung eine notwendige Vorarbeit. Hier konnte er seine Ressourcen für die Begegnungen mit seiner Frau neu organisieren, um dazu beizutragen, daß sie als Paar von dem vergeblichen Versuch ablassen konnten, diesen Konflikt „gemeinsam" zu lösen. Seine Frau hat in ihrer eigenen Therapie den korrespondierenden Konflikt *in ihr* zum Thema gemacht.

Andere typische Themenbereiche für Konflikte dieser Art sind Logik versus Gefühl, rational vs. intuitiv und Kindheits-Glauben vs. Erwachsenen-Glauben.

Sind in einem Konflikt mehr als zwei Identitätsaussagen oder -themen involviert, kann man diese Technik erweitern, so daß alle drei einbezogen sind, oder man integriert jeweils zwei zur Zeit.

Nachdem die Aussagen prägnant formuliert sind, soll der Klient die „Identitäten" in allen Sinnessystemen repräsentieren. Dazu sagt der Therapeut etwa zum Klient: „Tu den Teil (die Seite) von Dir, der (die) . . . glaubt, in die eine Hand (der Therapeut zeigt dafür auf die Hand, die der Klient gebrauchte, als er den entsprechenden Glauben ausdrückte). Welche bildhafte Vorstellung, welche Stimme und Gefühle hast

Du mit dem Teil von Dir assoziiert? Sieh und höre Dich selbst, wie Du bist, wenn Du in dem entsprechenden Moment maximal zu dieser Seite geworden bist!" Den anderen Teil soll der Klient, auch mit Hilfe einer solchen Instruktion, in die andere Hand „hineinhalluzinieren".

Entweder entstehen dann Bilder, auf denen der Klient jeweils eine seiner beiden „Seiten" sieht, oder es entstehen symbolhafte Darstellungen der jeweiligen „Teilidentität". So sah der eben erwähnte Klient zum Beispiel in der einen Hand das Bild eines „lüsternen Satyrs" und in der anderen das Bild eines „etwas altklugen Milchgesichtes".

Der Therapeut etabliert also drei Anker: Jeder der Hände wird zu einem visuellen (und kinästhetischen, wenn der Klient sie ins Blickfeld hebt, um die entsprechende Seite von sich selbst in sie hineinzuhalluzinieren) Anker für die Physiologie der jeweiligen Seite. Zusätzlich ist die Mittelposition, aus der heraus der Klient beide Hände und die jeweils „auf der Hand liegenden" Halluzinationen gleichzeitig sieht, zu einem (wegen des mittig-aufrechten Körpergefühls hauptsächlich kinästhetischen) Anker für eine Wahrnehmungsposition geworden, die jenseits beider Seiten des Konfliktes ist — die Meta-Position, aus der heraus der Klient zu beiden Seiten den „gleichen Abstand" hat.

Diese drei unterschiedlichen Physiologien mit ihren drei ebenfalls unterschiedlichen Wahrnehmungspositionen sind für den dann folgenden Prozeß so etwas wie drei verschiedene „Arbeitsphysiologien": Der Therapeut assistiert dem Klienten, diese drei verschiedenen Zustände für die innere Arbeit zu nutzen, in denen dieser ganz verschiedene Wahrnehmungsmöglichkeiten und Fähigkeiten zu seiner Verfügung hat. Es sind die Grund-Physiologien der beiden Seiten, also die körperlich-geistige Verfassung, in der der Klient normalerweise ist, wenn er die jeweilige Seite *ist*. Als dritte Physiologie kommt noch die körperlich-geistige Verfassung dazu, in der der Klient sich in den Momenten befindet, in denen er den notwendigen inneren Abstand zu sich selbst hat, um nicht im Denken und Fühlen der einen oder der anderen Seite gefangen zu sein. Damit sind die seltenen Momente gemeint, wo einem alles klar ist, und die man dann leider immer wieder vergißt — mitsamt ihrer Klarheit.

Diese drei Zustände gab es im Leben des Klienten auch schon vorher. Nur konnte er sie nicht systematisch nutzen, ohne daß sie sich gegenseitig stören. Dazu braucht er Hilfe von außen, die er im folgenden vom Therapeuten erhält.

Der Therapeut verstärkt diese Anker systematisch, indem er den Klienten dazu veranlaßt, sich ganz in die eine oder in die andere Seite hineinzuversetzen. Dabei beugt sich der Klient meist unwillkürlich mit seinem Gesicht der entsprechenden Hand entgegen, um sozusagen mit den Augen der sich auf dieser Hand befindenden Teilidentität die andere Teilidentität auf der anderen Hand anzusehen. Diese Körperstellung, bzw. diese Art von Bewegungs-(impuls) wird dann zu einem Anker für die Physiologie der betreffenden Seite, d. h., für deren körperlich-geistige Grundverfassung.

Sind diese drei Wahrnehmungspositionen (Arbeitsphysiologien) eingerichtet, sorgt der Therapeut während des ganzen weiteren Prozesses dafür, daß die dazugehörenden Physiologien gut unterscheidbar bleiben, also so weit wie möglich separiert werden und bleiben.

Das geschieht durch unmittelbares Feedback an den Klienten immer dann, wenn er innerlich schon in eine der anderen Positionen gewechselt hat, obwohl er äußerlich noch in der bis dahin genutzten verbleibt — was der Therapeut an der Physiologie des Klienten erkennt. Das Feedback erfolgt jeweils in Form einer sofortigen Instruktion zum Wechsel der Position, so daß die innerlich genutzte und die äußerlich eingenommene Position wieder übereinstimmen.

Der Therapeut wird den Klienten sehr häufig durch die Positionen und Physiologien „schicken", denn gerade darin liegt die Stärke dieses Vorgehens: Es läßt den Klienten schnell wechselnd die drei eben beschriebenen (Bewußtseins-)Zustände für den Erkenntnis- und Integrationsprozeß nutzen, die dieser sonst nur aus unterschiedlichen Lebensbereichen kennt (da sie dissoziiert waren). Auf diese Art erlernt der Klient neue Möglichkeiten, zu erkennen, in welchem Zustand er sich jeweils befindet, und solche, von einem in den anderen zu kommen.

Um diese Physiologien noch zu intensivieren und um die zu ihnen gehörenden Wahrnehmungsweisen der eigenen Person deutlich werden zu lassen, bittet der Therapeut den Klienten, jede Identität die jeweils andere betrachten zu lassen und dann beschreiben zu lassen, was sie sieht. Das kann sowohl aus der Meta-Position heraus geschehen, d. h. der Klient beschreibt, was die Teilpersonen über einander sagen und wie sie sich (am Anfang meist argwöhnisch) beäugen, als auch aus den Wahrnehmungspositionen der jeweiligen Seite heraus, in die der Therapeut den

Klienten „hineinschickt": Der Klient *als* die eine Seite seiner Person beschreibt die jeweils andere Seite.

Die eine Seite unseres Klienten sagte über die andere: „Der mit seiner ewigen Verantwortlichkeit, er ist ein entsetzlicher Langweiler!" und die andere „Er ist ein leichtsinniger Nichtsnutz mit seinen egoistischen und oberflächlichen Freuden!".

Haben sich beide Seiten wahrgenommen und beschrieben, hilft der Therapeut dem Klienten, seine beiden Seiten dahin zu führen, daß sie anerkennen, daß beide für ihn als Person Funktionen haben, d. h. wichtige Absichten verfolgen. Außerdem sollen beide anerkennen, daß sie die Fähigkeit und das Dasein der anderen Seite brauchen, um selbst das tun zu können, wofür sie selbst im Leben des Klienten die Verantwortung haben.

Die Satyr-Seite unseres Klienten hatte die Funktion, in seinem Leben Lebensfreude, Genußfähigkeit, Energetisierung, Lustgewinn und Beweglichkeit sicherzustellen.

Die Milchgesicht-Seite hatte vor allem die Funktion, seine körperliche Integrität (Vermeidung einer Aidsinfektion) zu schützen, Kontinuität in seiner Partnerschaft und Disziplin zur Sicherung eines angemessenen Einkommens zu ermöglichen.

Ist diese gegenseitige Grundanerkennung gegeben, soll jeder Teil den anderen nochmals ansehen und diesmal dessen Fähigkeiten (Ressourcen) beschreiben, die er für sich selbst und seine Aufgaben auch hilfreich fände.

Meistens ist der Grund, weshalb die Seiten sich zuvor mißtraut und nicht gemocht hatten, genau der, daß die andere Seite statt der eigenen jeweils ganz andere Ressourcen hatte und daher „fremdartig" erschien.

Der Klient soll dann die kongruente Zustimmung der Teile erreichen, ihre Ressourcen zu kombinieren, so daß jeder um so besser die eigene Funktion erfüllen kann.

So hat in unserem Beispiel der Satyr-Teil die Fähigkeiten „gut bei sich und lebendig-vitalisiert sein", „Anmut in der Bewegung und direkt sein im Kontakt" und der Milchgesicht-Teil die Fähigkeiten „auf lange Sicht denken können", „Überblick behalten können" und „Distanz wahren können".

Anfänglich geht es meist etwas mühsam, aber dann finden beide Seiten Gefallen daran, Fähigkeiten auszutauschen, und es fallen ihnen mehr und mehr ein, die sie sich gegenseitig anbieten oder um die sie die andere Seite bitten wollen.

Das ist natürlich ein irreführender Sprachgebrauch, denn der Klient findet Gefallen daran, das zu machen — und zwar in allen drei Wahrnehmungs- und Erlebenspositionen. Er erlebt und durchlebt hier eine konstruktive Auseinandersetzung bei gegenseitiger Akzeptanz und Würdigung der Unterschiede im Denken und Handeln, in Fähigkeiten und Vorlieben, den er bei den entsprechenden identitäts(konflikt)stiftenden Bezugspersonen seiner Kindheit nicht erlebt hat.

Ist diese Art von flüssigem Austausch erreicht, bekommt der Klient die Instruktion, seine Hände zusammenzubringen und dabei in allen Sinnessystemen eine neue Repräsentation seiner Identität zu erschaffen, die die Ressourcen beider Teile vollständig in sich vereint. Dabei beobachtet der Therapeut die Integration der Physiologien der beiden Teilidentitäten, die schon beim Austauschen der Fähigkeiten anfing.

Wenn an dieser Stelle im Prozeß zusätzliche einschränkende Glaubenssätze auftauchen, die darauf hinweisen, daß ein größeres System von Glaubenssätzen existiert, müssen sie differenziert und auf den neuesten Stand gebracht werden. Bei unserem Klienten zum Beispiel „Es ist nicht möglich, Verantwortung zu tragen und sich gleichzeitig des Lebens zu erfreuen".

In dieser Phase ist es manchmal wichtig, den Klienten daran zu erinnern, daß eine Integration kein Kompromiß im Sinne eines „faulen Handels" ist, bei dem immer irgend etwas verlorengeht, sondern ein Prozeß, bei dem alles, was für welche Seite, in welcher Weise auch immer, wichtig war, in der neu entstehenden Identität *aufgehoben* sein wird. D. h. es geht nichts verloren, sondern es entsteht höchstens etwas ganz Neues und derzeit ungeahnte Möglichkeiten kommen hinzu.

Am Ende dieses Prozesses gibt es nicht länger zwei getrennte, gegeneinander kämpfende Identitäten des Klienten, sondern eine erweiterte, einheitliche Identität.

So bekam in der Phase des Fähigkeitenaustausches im Beispiel unseres Klienten der Satyr zunächst „ein immer menschlicheres Aussehen, bei Beibehaltung und Verfeinerung seiner Vitalität und Genußfähigkeit" und das Milchgesicht bekam „eine männliche Ausstrahlung mit Lachfalten und durchsetzungsfähigem Kinn". Dann entstand ein einheitliches Selbst-Bild, „das in der schönsten Weise von allen Zügen und Merkmalen etwas hatte und zusätzlich einen weise-wissenden Blick und eine auramäßige Ausstrahlung".

Gibt es Probleme, für die das
NLP nicht geeignet ist?

Es sind keine Probleme denkbar, in Bezug auf die ein NLP-Therapeut nicht sofort wüßte, mit welcher Art von Intervention sie gelöst werden oder doch einer Lösung einen großen Schritt nähergebracht werden können. Diese Intervention kann eine der NLP-Standardtechniken sein, eine neu kombinierte oder neu erfundene Technik, oder einfach nur darin bestehen, dem Klienten die Grundannahmen des NLP zu vermitteln (die „Denke" des NLP), was sich sehr positiv auf seine allgemeine Verfassung auswirken kann.

Dieser Anspruch hat seine Grenzen. NLP ist zwar eine Haltung des Therapeuten sich selbst und dem Klienten gegenüber, die für beide heilsam ist, und eine Sammlung von powervollen Techniken und Regeln zur Erzeugung von neuen Techniken. Mit Techniken kann man Sein verwalten und organisieren, aber man kann kein Sein schaffen!

Das ist für alle Probleme und Störungen entscheidend, die auf große emotionale Defizite in der Entwicklung zurückgehen, wie z. B. frühe Schädigungen und Kontaktstörungen. Hier gilt: ein NLP-Therapeut kann den Klienten nur soweit begleiten, wie er in der Lage ist, durch bloße Präsenz und Liebe im Kontakt „nachnährend" auf ihn zu wirken, so daß in ihm dort neues Sein entstehen kann, wo vorher Vakuum war.

Ob ein Therapeut das kann, hängt maßgeblich davon ab, inwieweit er sich in seiner Eigentherapie mit seinen eigenen Defiziten und seiner eigenen Bedürftigkeit auseinandergesetzt hat. Nach der Erfahrung des Autors ist ein NLP-Therapeut dann ein guter NLP-Therapeut, wenn er vor oder neben der Aneignung der NLP-Techniken noch andere Therapieausbildungen absolviert hat und intensive Eigentherapie betrieben hat oder betreibt.

Die Auseinandersetzung mit der eigenen Person, dem eigenen „Schatten" und der eigenen Bedürftigkeit ermöglicht es dem Therapeuten, den Anblick der Bedürftigkeit des Klienten auszuhalten und nicht in einen blinden Technikfetischismus zu verfallen.

Hat der Therapeut diesen Erfahrungshintergrund nicht, wird er sich hinter seinen Techniken verstecken, bei ihrer Durchführung rigide und dogmatisch werden und unnötig viel Zeit damit verbringen, ihr Nichtfunktionieren zu erklären.

Hat er sich ihn erarbeitet, sind seine Techniken durchdrungen von Zugewandtheit und Liebe: Was er tut, ist flexibel, bei immer wieder demonstrierter Bereitschaft zum Loslassen der gerade eingeschlagenen Richtung. Sein Tun wirkt nicht technisch, sondern ist lebendig, raumlassend-impulsgebend und anregend.

Angaben zu Kosten und Dauer einer NLP-Therapie sind schwer zu machen. Im Falle des Autors liegt die mittlere Behandlungsdauer bei sieben anderthalbstündigen Sitzungen, verteilt etwa über ein dreiviertel Jahr — eingeschlossen viele halbstündige Sitzungen (meist bei Phobien), aber auch einige ein bis zwei Jahre dauernde Therapien. Dem Autor sind Stundensätze von DM 20,00 bis DM 400,00 bekannt.

— 6 —
„Mensch und Technik" — Schlußbemerkungen

„Wir haben in den ersten zehn Jahren bloße Techniker ausgebildet", sagt John Grinder heute selbstkritisch. Tatsächlich empfinden viele das NLP, nachdem sie sich über die Literatur oder auch über einzelne Seminarbesuche mit dieser Methode auseinandergesetzt haben, als zu technokratisch-kalt.

Ist das NLP also ein seelenloses Handwerk? Schließlich haben sich Grinder und Bandler erklärtermaßen nur für die Techniken der Vorbilder interessiert, losgelöst von deren Geschichte, Umfeld und Person. Haben sie sich nicht schon deshalb in ihrem Ansatz, hier zu „extrahieren" und dort zu „installieren", zu weit von den Menschen Satir, Perls und Erickson und dadurch auch vom Geist ihrer Arbeit entfernt?

Das direkte Modellernen im persönlichen Kontakt ermöglicht dem Lernenden ganz sicher andere, intensivere oder auch intuitivere Zugänge zum Vorbild. So bin ich sehr dankbar, daß ich Virginia Satir leibhaftig und in ihrer ganzen Person als Lehrerin hatte, denn sie war mir ein prägendes Vorbild — vor allem darin, großzügig zu sein in dem, was man sich in der Kommunikation „erlauben kann". Nach Jahren erst ist mir deutlich geworden, wieviel ich unbewußt von ihr übernommen habe, z. B. flexibel und körperlich, geradeheraus und humorvoll im Kontakt sein zu dürfen und dabei doch dem anderen gegenüber respektvoll zu bleiben (bzw. es auf diese Weise erst zu werden).

Doch vermittelt über die NLP-Modelle (Techniken) ihres Vorgehens habe ich ihre Arbeit auf eine zusätzliche, ergänzende Weise besser verstehen können als durch das direkte Lernen von ihr. Vielleicht gerade weil diese Modelle so abstrakt und personenunabhängig sind, konnte ich — als Mann und mit einem anderen geschichtlichen und kulturellen Hintergrund — mit Hilfe dieser NLP-Modelle wesentliche Elemente ihres Vorgehens, wie z. B. den ausgiebigen Gebrauch kinästhetischer Anker, leichter in mein Verhaltensrepertoire aufnehmen.

Oder waren es doch weniger die abstrakte Logik und Struktur dieser Modelle, die mir diese Art von Verständnis mit Hilfe des eigenen Verhaltens ermöglicht haben, sondern mehr die Person meines wichtigen NLP-Lehrers John Grinder? Er hat mir diese Techniken vermittelt, und von ihm habe ich in der Identifikation des direkten Modellernens viel übernommen — u. a. eben auch zentrale Elemente von Virginias Vorgehen, und zwar in der Form, wie er als Mann sie in sein Verhalten integriert hat.

Diese Gedanken machen deutlich, daß der Grundansatz des NLP, Techniken neutral — personenunabhängig und „übertragungssteril" — weitergeben zu wollen, in seiner Praxis und auch theoretisch nicht so unkompliziert ist, wie er zunächst erscheinen mag. Da der Gegensatz von Person und Technik ein dialektischer ist, wird bei der Vermittlung von Techniken immer mehr vermittelt als bloße Techniken: Die Person ist in den Techniken enthalten. Das gilt auch für die Techniken des NLP, die ich als Ausbildungskandidat erlernen möchte. In ihnen sind neben den Personen der „Modellbauer" als Gestalter dieser Techniken (Grinder, Bandler, Dilts etc.) und denen der Vermittler der Techniken (des jeweiligen NLP-Ausbilders) vor allem auch die Personen der Vorbilder (Satir, Erickson, Perls etc.) enthalten.

So konnte ich am Beispiel des 6-Step-Reframing zeigen, daß Bandler und Grinder mehr vom Geist des Vorgehens von Virginia Satir übernommen haben, als ihnen selbst bewußt war. Sie haben nämlich den Geist ihrer Versöhnungsarbeit in der Familientherapie weitergegeben, ohne es bewußt zu wissen oder zu benennen. Sie haben ihn implizit weitergegeben, in ihrem nonverbalen Verhalten und in der Metaphorik der technischen Instruktionen und nicht, ihrem Vorsatz entsprechend, explizit, als bewußt benannten Schritt in der Technik des 6-Step-Reframing.

Virginia Satir selbst war das — wie sie mir versichert hat — auch nicht bewußt. Sie konnte diesen tieferen Zusammenhang zwischen Familienrekonstruktion und dem 6-Step-Reframing erst wahrnehmen, nachdem ich ihr die Gedankengänge meines Vorwortes zu John und Richards Buch „Reframing" übersetzt habe. Sie sagte, sie hätte daraufhin Implikationen ihrer eigenen Arbeit neu sehen können, und ich hatte den Eindruck, daß sie dabei innerlich auch einen Schritt in Richtung auf eine Versöhnung mit Bandler und Grinder gehen konnte, deren Vorgehen sie damals „technisch manipulierend" nannte.

Vielleicht sind diese für den Autor so wichtigen Fragen für die nachfolgenden „Generationen" von Psychotherapeuten alles andere als interessant, da sie längst wissen, daß beim Erlernen von Fertigkeiten jeder Art (und eben auch in der Vermittlung der Kunst der Psychotherapie) beides wichtig ist: Das Orientiertsein auf die Person des Lehrenden und das Orientiertsein auf die Informationen, den „Lerngegenstand". Hierbei handelt es sich interessanterweise um eine Unterscheidung, die von einigen NLP-Trainern den Meta-Programm-Mustern zugeordnet werden, nämlich die Ausrichtung der Aufmerksamkeit: Sortiere ich meine Wahrnehmungen und Erfahrungen hauptsächlich nach Personen, Orten, Aktivitäten oder nach Informationen? Bin ich beim Lernen mehr auf die Person des Lehrers ausgerichtet oder mehr auf die sachliche, technikbezogene Information? Wieder gilt: Nicht das eine ist besser als das andere — Balance ist besser als Imbalance! Beide Lernarten sollten balanciert sein: das unbewußt-intuitive, ganzheitliche, personengebunden-identifikatorische und eher selbst-vergessene Lernen und das analytisch-schrittweise, auf einzelne Fähigkeitskomponenten bezogene Lernen, mit gutem Selbstbewußtsein im Bezug auf die eigenen Fähigkeiten und Möglichkeiten des Lernenden. Bandler und Grinder haben sich das große Verdienst erworben, in der Ausbildung von Psychotherapeuten den Trend „Vermittlung durch Personenkult" in Richtung auf „Gezieltes Vermitteln von beschreibbaren Fertigkeiten" korrigiert zu haben.

Versteht man den ursprünglichen Modellingansatz von Grinder und Bandler als Versuch, zu so etwas wie

Technik-Archetypen für die Veränderungsarbeit zu kommen, zu Urformeln, die immer wirksam sind, egal wer sich wann und wo als Klient und Therapeut begegnet, und geht man weiterhin davon aus, daß der Psychotherapeut in der Begegnung mit seinen Klienten sowohl Mensch und Person als auch Träger eines „Amtes" ist, wie etwa früher die Priester, die den Tempelschlaf (die frühere Hypnose) mit Ritualen begleitet haben, so könnte in diesen Technik-Archetypen des NLP etwas vom Geist dessen enthalten sein, wie Perls, Erickson und Satir dieses Amt verwirklicht haben — bei aller Unterschiedlichkeit ihres persönlichen Stiles.

Wenn dem so ist, gibt es guten Grund zu der Hoffnung, daß etwas Wesentliches von diesem Geist im Tun der Therapeuten weiterlebt, denen es eine berufsethische Verpflichtung und ein Herzensanliegen ist, die Techniken des NLP zu meistern.

Ausbildungsmöglichkeiten

In den deutschsprachigen Ländern gibt es neben dem Autor, der das NLP 1981 aus den USA nach Deutschland brachte,

Thies Stahl Seminare
Dipl.-Psych. Thies Stahl
Eulenstraße 70, 2000 Hamburg 50
Tel. 040 390 55 88, Fax 040 390 95 73

zahlreiche weitere Anbieter von NLP-Ausbildungen, die zum Teil auch qualifizierte NLP-Therapeuten vermitteln:

Deutsche Akademie für angewandtes NLP
Postfach 47 07 19, 1000 Berlin 47
Tel. u. Fax 030 601 57 74

DGNLP/Communication & Coaching GmbH
Deutsche Gesellschaft für Neurolinguistisches Programmieren
Hans Elbroich — Am Falder 4, 4000 Düsseldorf 13
Tel. 0211 757 07 57, Fax 0211 75 32 15

Milton H. Erickson Institut Berlin
Wartburgstr. 17, 1000 Berlin 62
Tel. u. Fax: 030 781 77 95

NLP-Institut Berlin
Althoffstr. 20, 1000 Berlin 41
Tel. 030 792 08 05, Fax 030 793 11 33

Forum für Meta-Kommunikation
Wallstraße 7, 7800 Freiburg
Tel. 0761 49 39 48, Fax 0761 49 97 03

NLP-Aus- und -Weiterbildung in der Schweiz

Thies Stahl Seminare (siehe oben)
in Zusammenarbeit mit

Familien-, Paar- und Jugendberatung
Metzgergasse 4, CH-5000 Aarau
Tel. 41 064 22 61 61

NLP-Aus- und -Weiterbildung in Österreich

Thies Stahl Seminare (siehe oben)
außerdem

Österreichisches Trainingszentrum für NLP
Teybergasse 1/19, A-1140 Wien
Tel. (43) 222 894 00 17

Literaturhinweise

Andreas Connirea, Andreas Steve: Gewußt wie. Arbeit mit Submodalitäten und andere NLP-Interventionsmuster nach Maß, Junfermann Verlag, Paderborn, 1988

dieselben: Mit Herz und Verstand, Junfermann Verlag, Paderborn

Winfried Bachmann: Das neue Lernen. Eine systematische Einführung in das Konzept des NLP, Junfermann Verlag, Paderborn, 1991

Richard Bandler, John Grinder, Virginia Satir: Mit Familien reden, Pfeiffer, München, 1978

Richard Bandler, John Grinder: Metasprache und Psychotherapie. Die Struktur der Magie. Bd. I, Junfermann Verlag, Paderborn, 1981

Richard Bandler, John Grinder: Neue Wege der Kurzzeit-Therapie, Junfermann Verlag, Paderborn, 1981

Richard Bandler, John Grinder: Reframing — ein ökologischer Ansatz in der Psychotherapie (NLP), Junfermann Verlag, Paderborn, 1985

Richard Bandler: Veränderung des subjektiven Erlebens. Fortgeschrittene Methoden des NLP, Junfermann Verlag, Paderborn, 1987

Richard Bandler: Der feine Unterschied. NLP-Übungsbuch zu den Submodalitäten, Junfermann Verlag, Paderborn, 1989

Leslie Cameron-Bandler: Wieder zusammenfinden. NLP — neue Wege der Paartherapie, Junfermann Verlag, Paderborn, 1983

Leslie Cameron-Bandler: Die Intelligenz der Gefühle. Grundlagen der ‚Imperative Self Analysis' I, Junfermann Verlag, Paderborn, 1990

Robert Dilts, Richard Bandler, John Grinder, Judith DeLozier, Leslie Cameron-Bandler: Strukturen subjektiver Erfahrung — ihre Erforschung und Veränderung durch NLP, Junfermann Verlag, Paderborn, 1985